PIENSE,
PARA OBTENER UN
CAMBIO

JOHN C.
MAXWELL

CASA CREACIÓN
Para vivir la Palabra

Para vivir la Palabra

MANTÉNGANSE ALERTA;
PERMANEZCAN FIRMES EN LA FE;
SEAN VALIENTES Y FUERTES.
—1 Corintios 16:13 (NVI)

Piense, para obtener un cambio por John C. Maxwell
Publicado por Casa Creación
Miami, Florida
www.casacreacion.com
©2004-2023 Derechos reservados

ISBN 13: 978-0-884199-97-7
E-book ISBN: 978-1-960436-27-6

Desarrollo editorial: *Grupo Nivel Uno, Inc.*
Adaptación de diseño interior y portada: *Grupo Nivel Uno, Inc.*

Publicado originalmente en inglés bajo el título:
Thinking for a Change
Publicado por Hachette Book Group, Inc.
(formerly Warner Books, Inc.)
This edition published by arrangement with Center Street,
New York, USA. All rights reserved.
© 2022 por John C. Maxwell
Todos los derechos reservados.

Nota de la editorial: Aunque el autor hizo todo lo posible por proveer teléfonos y páginas
de internet correctos al momento de la publicación de este libro, ni la editorial ni el autor
se responsabilizan por errores o cambios que puedan surgir luego de haberse publicado.

Impreso en Colombia

23 24 25 26 LBS 9 8 7 6 5 4 3 2 1

Este libro está dedicado a…

Todos los buenos pensadores que han compartido

sus reflexiones conmigo a través de los años.

Gracias por invertir en mí.

AGRADECIMIENTOS

Me gustaría dar las gracias a Margaret Maxwell, quien comparte sus pensamientos conmigo todos los días; a Charlie Wetzel, quien se encarga de mi redacción; a Kathie Wheat, quien realiza mis investigaciones; a Stephanie Wetzel, quien corrige y edita cada capítulo; a Linda Eggers, quien maneja mi vida; y a las personas que colaboraron con sus ideas para este libro:

Dick Biggs
Kevin Donaldson
Tim Elmore
John Hull
Gabe Lyons
Larry Maxwell
Kevin Myers
Dan Reiland
Kevin Small
J. L. Smith
Dave Sutherland
Rolf Zettersten

CONTENIDO

REFLEXIÓN INICIAL:
LA DIFERENCIA QUE EN VERDAD
HACE LA DIFERENCIA

¿Por qué algunas personas son exitosas y otras no lo son? Esa pregunta se ha hecho millones de veces y usted escuchará muchas respuestas. Considere algunas de las más comunes:

- Las personas son exitosas porque tienen mejores oportunidades.
- Quienes no son exitosos tienen orígenes desfavorecidos.
- La educación es lo que hace la diferencia.
- El fracaso es culpa de la mala suerte.
- Algunas personas son inteligentes y otras no lo son.
- Los perezosos no logran el éxito.

A lo largo de mi vida, he buscado respuestas para esa pregunta. Permítame contarle una historia que creo que revela la solución.

Una amiga mía tiene dos hijas. Kim, la hija menor de veintiún años, solicitó ingresar a la facultad de farmacéutica durante su último año de universidad. El día en que recibió la noticia de que la habían aceptado, su hermana Jennie, de veinticinco años, se encontraba con ella. Kim estaba muy emocionada; Jennie se sentía contenta de que Kim había logrado su meta, pero también sentía lástima por ella.

—Mamá —dijo—, me siento mal por Kim, pues ¡tendrá que ir cuatro años más a la escuela!

Una de las hijas piensa: *Acabo de ganar una oportunidad para mi futura carrera*, y su hermana piensa: *¡Tendrá que ir cuatro años más a la escuela!*

Esta es la diferencia:

Las personas exitosas piensan diferente a quienes no lo son.

Una de las hermanas escuchó la noticia y se sintió emocionada porque pensó en la carrera gratificante y lucrativa que estaba a punto de abrirse para ella; la otra hermana, pensaba sólo en la cantidad de tiempo que le tomaría alcanzar esa meta.

¿Qué tan buena es su manera de pensar? ¿Su forma de pensar lo ayuda a lograr metas? Este libro identifica once técnicas de pensamiento que utilizan las personas exitosas. ¿Qué tipo de pensamiento cree que aumentará sus posibilidades de éxito?

¿Una forma de pensar bien mínima o una amplia?
¿Una dispersa o una concentrada?
¿Una restrictiva o una creativa?
¿Una fantasiosa o una realista?
¿Una azarosa o una estratégica?
¿Una limitada o una que contemple posibilidades?
¿Una impulsiva o una reflexiva?
¿Una común y corriente o una innovadora?
¿Una solitaria o una compartida?
¿Una egoísta o una desinteresada?
¿Una que cree ilusiones o una que se enfoca en las ganancias?

Si en este momento usted no tiene éxito o no es tan exitoso como le gustaría, la razón podría ser que usted no está pensando de tal manera que pueda llegar a la cima. Para colocarse en el camino del éxito, le sugiero que haga lo siguiente:

- Lea cada capítulo para entender mejor la manera exitosa de pensar.
- Evalúese a sí mismo respondiendo a la pregunta de reflexión que se encuentra al final de cada capítulo.

- Lleve a cabo las acciones que se incluyen para implementar la clase de pensamiento exitoso que describe cada capítulo.

Durante los siguientes catorce capítulos haremos juntos una travesía de pensamiento. ¡Podría ser la diferencia que en verdad haga la diferencia en su vida!

REFLEXIONES SOBRE
EL PENSAMIENTO

1. Todo comienza con un pensamiento.

> *La vida se compone de aquello en lo*
> *que el hombre piensa todo el día.*
> —RALPH WALDO EMERSON

2. Lo que pensamos determina lo que somos y lo que somos determina lo que hacemos.

> *Las acciones del hombre son las mejores*
> *intérpretes de sus pensamientos.*
> —JOHN LOCKE

3. Nuestros pensamientos determinan nuestro destino y nuestro destino determina nuestro legado.

> *Hoy estás donde tus pensamientos te*
> *han traído. Mañana estarás donde tus*
> *pensamientos te hayan llevado.*
> —JAMES ALLEN

4. Quienes están en la cima piensan diferente a los demás.

> *Nada restringe tanto los logros como el*
> *pensamiento limitado; nada expande tanto las*
> *posibilidades como el pensamiento liberado.*
> —WILLIAM ARTHUR WARD

5. Podemos cambiar la manera en que pensamos.

Todo lo que es verdadero, (...) honesto,
(...) justo, (...) puro, (...) amable,
todo lo que es de buen nombre;
si hay virtud alguna, si algo digno
de alabanza, en esto pensad.
—EL APÓSTOL PABLO

PRIMERA PARTE

CAMBIE SU FORMA DE PENSAR Y CAMBIE SU VIDA

Capítulo 1

Entienda el valor de pensar bien

> "Alimenta grandes pensamientos, pues nunca
> llegarás más alto que tus pensamientos".
> —BENJAMÍN DISRAELI

¿En qué pensaban?

> "Las cosas son más como son ahora de
> lo que nunca antes fueron".
> —DWIGHT D. EISENHOWER
> *Trigésimo cuarto presidente de los Estados Unidos de América*

¿Qué rasgo tienen en común todas las personas exitosas? ¿Qué rasgo separa a quienes llegan a la cima de quienes parecen jamás poder llegar a ella? La respuesta es: ¡pensar bien! Quienes adoptan el pensar bien como un estilo de vida entienden la relación entre su nivel de pensamiento y su nivel de progreso. También se dan cuenta de que, para cambiar sus vidas, deben cambiar su manera de pensar.

Una forma diferente de pensar

Toda mi vida he estudiado lo que es el pensar bien, así que sé lo importante que es para realizar progresos. En el primer libro que escribí, en 1979, titulado *Prepara tu mañana de éxito*, dije: "Hoy, su vida es resultado de lo que pensó ayer y su vida, mañana, estará determinada por lo que piense hoy".[1] El título de ese libro estuvo inspirado en las palabras del apóstol Pablo, quien nos exhortó:

> Todo lo que es verdadero, todo lo honesto, todo lo justo, todo lo puro, todo lo amable, todo lo que es de buen nombre; si hay virtud alguna, si algo digno de alabanza, en esto pensad.[2]

Mi padre, Melvipan Maxwell, a menudo me citaba esas palabras; creía que eran importantes. ¿Por qué? Porque él es un ejemplo de alguien que cambió su vida como resultado de cambiar su manera de pensar.

Si usted conociera a mi padre, él le diría que nació con una tendencia natural a pensar negativamente. Además, creció durante la gran depresión en los Estados Unidos, y cuando tenía seis años de edad, su madre murió. Él no fue un niño feliz o que tuviera muchas esperanzas, pero siendo adolescente, comenzó a notar que todas las personas exitosas que conocía tenían algo en común: llenaban sus vidas con pensamientos positivos sobre ellos mismos y sobre los demás. Mi padre deseaba tener tanto éxito como ellos, así que se abocó a la diaria tarea de cambiar sus pensamientos. Para su beneplácito, sus pensamientos lo cambiaron, después de mucho tiempo y esfuerzo.

Las personas que lo conocen en la actualidad, lo ven como una persona completamente positiva; se sorprenderían si supieran que comenzó su vida con una mentalidad negativa. Este cambio en su manera de pensar le permitió elevarse a un nivel de vida que parecía estar más allá de su potencial: llegó a ser la persona más exitosa de su círculo profesional, se convirtió en presidente de una universidad y tocó las vidas de incontables personas. Hasta el día de hoy, él es mi héroe.

No siempre es fácil cambiar de una forma negativa de pensar a una positiva, en especial si los cambios nos son difíciles. Para algunos, esta es una lucha que dura toda la vida. ¿Sabe cuál es el principal reto que enfrenta una persona cuando trata de hacer cambios personales positivos? Sus sentimientos. Quiere cambiar, pero no sabe cómo superar sus emociones; sin embargo, hay una manera de hacerlo. Dé un vistazo a la verdad contenida en el siguiente silogismo:

> *Premisa mayor:* Puedo controlar mis pensamientos.
> *Premisa menor:* Mis sentimientos provienen de mis pensamientos.
> *Conclusión:* Puedo controlar mis sentimientos al controlar mis pensamientos.

Si usted está dispuesto a cambiar su manera de pensar, puede cambiar sus sentimientos; si usted cambia sus sentimientos, puede cambiar sus acciones; y el cambiar sus acciones, basadas en buenos pensamientos, puede cambiar su vida.

¿Quién cambiará su mente?

La mayoría de las personas en la cultura estadounidense recurren a sistemas educativos que les enseñen a pensar, tanto a ellas, como a sus hijos. De hecho, muchos individuos creen que la educación formal es la llave para mejorar la vida y reformar a la sociedad. James Bryant Conant, profesor de química y ex presidente de la universidad de Harvard, afirmó: "La educación pública es un gran instrumento de cambio social (...) La educación es un proceso social, quizás el más importante para determinar el futuro de nuestro país, un proceso que debería disponer de una porción mucho mayor de nuestro ingreso nacional de lo que recibe en la actualidad".

Muchos educadores querrían hacernos creer que las buenas notas conducen a una vida mejor y que mientras más educación formal tengamos, más exitosos seremos; sin embargo, con frecuencia la educación no puede lograr tales promesas. ¿No conoce a personas altamente educadas y con un muy bajo nivel de éxito?

¿No ha conocido a profesores universitarios con doctorados que no pueden dirigir sus vidas de manera efectiva? Y, por el contrario, ¿no ha sabido de personas que abandonaron sus estudios y se volvieron muy exitosos? (Piense en Bill Gates, Thomas Edison, Federico Fellini o Steve Jobs).

William Feather, autor de *The Business of Life* (*El negocio de la vida*), señaló: "Dos ilusiones fomentadas por la educación superior son: Que lo enseñado corresponde a lo aprendido y que de alguna forma, ello dará sus frutos en dinero". El reformista de la educación y ex presidente de la Universidad de Chicago, hizo la siguiente observación: "Cuando escuchamos la radio, miramos la televisión y leemos los periódicos, nos preguntamos si la educación universal ha sido la gran bendición que sus defensores han afirmado que llegaría a ser". Quizás sería mejor si tomáramos el consejo de Mark Twain, quien dijo: "Nunca dejo que la escuela interfiera con mi educación".

El problema con la mayoría de las instituciones educativas es que intentan enseñar a las personas *qué* pensar y no *cómo* pensar. A diferencia de lo dicho por Francis Bacon, el conocimiento por sí solo no es poder, el conocimiento sólo tiene valor en las manos de quien tenga la habilidad de pensar bien. Las personas deben aprender *cómo* pensar bien para lograr sus metas y alcanzar su potencial.

Por qué debería aceptar el valor de pensar bien

El profesor de la Universidad del Estado de Georgia, David J. Schwartz, dice: "En lo que se refiere al éxito, no se mide a las personas en gramos, centímetros, títulos universitarios o antecedentes familiares; se les mide por el tamaño de lo que piensan".[3] Convertirse en un mejor pensador valdrá el esfuerzo, pues la manera en que piense en verdad impactará cada aspecto de su vida. No importa si usted es un empresario, un profesor, un padre, un científico, un pastor o un ejecutivo, pensar bien *mejorará* su vida, lo ayudará a convertirse en un triunfador, lo convertirá en un *mejor* empresario, profesor, padre, científico, pastor o ejecutivo.

Las siguientes son sólo algunas de las razones por las cuales el pensar bien es tan importante:

1. Pensar bien crea cimientos para alcanzar buenos resultados

En su libro *As a Man Thinketh* (*Como piensa el hombre*), James Allen, filósofo del espíritu humano, escribió: "Los buenos pensamientos y las buenas acciones nunca pueden producir malos resultados; los malos pensamientos y las malas acciones nunca pueden producir buenos resultados. Esto no es, sino decir que lo único que puede provenir del maíz es maíz y que lo único que sale de las ortigas es ortigas. El hombre entiende esta ley en el mundo natural y trabaja con ella, pero pocos la entienden en el mundo mental y moral (aunque su operación en dichos mundos sea igual de sencilla e inconfundible) y, por eso, no trabajan con ella".[4]

Con lo anterior, parece obvio que la calidad de lo que piensan las personas lleva a la calidad de sus resultados. Creo que la mayoría de las personas estaría de acuerdo en que:

"Los buenos pensamientos y las buenas acciones nunca pueden producir malos resultados; los malos pensamientos y las malas acciones nunca pueden producir buenos resultados".
—James Allen

- Una forma pobre de pensar produce un retroceso.
- Una forma convencional de pensar no produce ningún progreso.
- Una buena forma de pensar produce algún progreso.
- Una gran forma de pensar produce un gran progreso.

Sin embargo, una de las razones por las cuales las personas no alcanzan sus sueños es porque desean cambiar sus resultados sin cambiar sus pensamientos, lo cual jamás dará resultado. Si usted espera cosechar maíz después de haber sembrado ortigas, no obtendrá maíz; sin importar cuánto tiempo emplee en regar, fertilizar o cultivar sus vegetales. Si no le gusta la cosecha que está obteniendo, ¡necesita cambiar las semillas que está sembrando! ¿Quiere tener logros? ¡Entonces siembre la "semilla" del buen pensamiento!

Mi amigo, Bill McCartney, ha sido nombrado tres veces entrenador del año de la *Conferencia de los ocho grandes* de la liga de fútbol americano colegial de los Estados Unidos y dos veces entrenador del año por la agencia de noticias UPI (United Press International); en 1990, llevó al equipo de fútbol americano de la Universidad de Colorado a un campeonato nacional. Él entiende lo que se requiere para ganar en los deportes, pero lo que podría sorprender a muchos, es que considera que el aspecto mental del juego es más importante que el físico. El entrenador "Mac" hace la siguiente observación: "Lo mental es a lo físico, lo que cuatro es a uno". Sin importar lo talentosos que sean los atletas en el aspecto físico, si no tienen lo que se necesita en el aspecto mental, no tendrán éxito.

Una vez más, recordé esta verdad en una conferencia de liderazgo que hice recientemente. Les dije a los asistentes que me encontraba trabajando en un libro titulado *Piense, para obtener un cambio*, y durante uno de los recesos, un hombre llamado

> Una de las razones por las cuales las personas no alcanzan sus sueños es porque desean cambiar sus resultados sin cambiar sus pensamientos.

Richard McHugh se aproximó y me contó un poco acerca de su experiencia como jinete de toros de competencia. Después de la conferencia, me envió una carta en la que me contaba toda la historia. Escribió:

Querido Dr. Maxwell:

Descubrí la importancia de pensar en determinada forma para llegar al éxito en mi carrera como jinete de toros. Comencé siendo un jinete en el circuito aficionado. No mucho después de llegar a la cima de este circuito, anhelaba unirme a la asociación profesional de jinetes de toros, así que busqué entre los mejores para encontrar un maestro. Conocí a un jinete, campeón del mundo, que vivía cerca de mí e inicié una relación con él. Su nombre era Gary Leffew.

Gary me invitó a su rancho, donde tenía una arena profesional para montar toros. Después de que entendió que yo me había comprometido a ejercer una carrera como jinete de toros, acordó ayudarme. Me dijo que lo primero que debería hacer, sería retirarme del circuito de rodeo aficionado. Gary me dijo: "Mientras estés entre *amateurs*, pensarás como *amateur* y no mejorarás tus habilidades". Ese día pasé de la cima de los jinetes aficionados, al fondo de los profesionales.

Después de obtener mi licencia por parte de la asociación de vaqueros profesionales, regresé a la arena de rodeo de Gary, y estaba listo para montar toros. Para mi sorpresa, Gary me recibió ese día, me dio un libro y me despidió; el libro era *Psycho-Cybernetics* (*Psicocibernética*), de Maxwell Maltz. Usted debe entender que, para un vaquero, este era un enorme cambio de pautas. Todos los demás jinetes veteranos me decían: "Si quieres montar toros, el secreto es subir a tantos como tu cuerpo pueda soportar, en términos de dolor". Pero ellos no eran jinetes que hubieran ganado campeonatos mundiales como mi mentor, así que acepté su consejo, regresé a casa y leí el libro.

Cuando terminé, regresé con Gary, y no podía creer lo que hizo después: ¡me dio otro libro acerca de cómo pensar! Unas cuantas visitas más al rancho de Gary me trajeron más libros y leí cada uno de ellos.

Muchas personas podrían creer que esto es una locura, pero yo ansiaba montar un toro. Durante una visita que le hice a Gary, finalmente le dije que había leído cada libro que me había dado, pero que ahora quería montar toros. Gary me explicó: "Rich, antes de montar toros", y señaló hacia su cabeza, "¡debes montar TOROS!" (con ello quería decir que el proceso de visualización era primero). Entonces entendí lo que hacía: Me estaba preparando mentalmente para ser un jinete de toros. Le dije: "Está bien, ahora que he leído todos esos libros ¡estoy listo para montar un toro!". Pero estaba equivocado. Gary me explicó que el siguiente paso era escuchar cintas de audio, ¡muchas cintas!

Cuando Gary me dijo, al fin, que estaba listo para subir a un toro, ¡fue a un toro mecánico estacionario! Ahí aprendí a visualizar cada movimiento con el que respondería un toro.

La siguiente lección que aprendí fue acerca de la asociación. Gary me explicó: "Las personas de quienes te rodees pueden influenciar tu forma de pensar". Conforme comencé a viajar en el circuito profesional de jinetes de toros, aprendí que era importante estar con los jinetes que ganaban. Mi mentor me dijo que si no podía encontrar ningún jinete ganador con quién viajar, entonces debería viajar solo, para proteger mi nueva actitud mental de ganador.

Dr. Maxwell, me gustaría decirle que fui para ganar el campeonato mundial; no gané, pero sí gané muchos rodeos y mucho dinero al montar en el circuito profesional de jinetes de toros. Al final, este vaquero dejó el circuito de rodeo y se casó con una mujer maravillosa. Ahora tenemos una de las mayores agencias de empleo en la costa central de California.

Me parece que aún estoy pensando para llegar a la cima.

Sinceramente,
Richard McHugh

Para progresar en cualquier campo, debemos tomar acciones, pero el éxito de una acción tomada depende por completo de cómo pensemos de antemano. Lo que Claude M. Bristol escribió en *The Magic of Believing* (*La magia de creer*) es cierto: "Las personas exitosas en la industria han logrado su éxito a través de sus pensamientos; sus manos fueron ayudantes de sus cerebros".

2. Pensar bien aumenta su potencial

El autor James Allen creía: "Serás tan pequeño como el deseo que te controle o tan grande como la aspiración que te domine".[5] O parafraseando las palabras del rey Salomón, el más sabio de todos los reyes antiguos: "Lo que las personas piensan en sus corazones, eso son".[6] Si nuestra forma de pensar da forma a lo que somos, entonces, por consiguiente, lo que pensamos determina nuestro potencial.

**Con frecuencia el progreso está
a sólo una idea de distancia.**

En mi libro *Las 21 leyes irrefutables del liderazgo*, escribí acerca de la "ley de la tapa", la cual afirma: "La habilidad de liderazgo determina el nivel de efectividad de una persona". En otras palabras, en cualquier asunto que tratemos con otras personas, el liderazgo es la tapa. Si usted es un mal líder, su tapa estará puesta, pero si es un gran líder, la tapa estará levantada. Creo que el pensamiento tiene un impacto similar en la vida, el pensamiento es la tapa del potencial. Si usted es un excelente pensador, entonces tiene un excelente potencial, y las palabras de Emerson se vuelven verdad: "Cuidado cuando el gran Dios suelta en el planeta a un gran pensador". Pero si su pensamiento no es bueno, entonces tiene una tapa sobre su vida.

Se alcanza el potencial al hacer progresos y con frecuencia el progreso está a solo una idea de distancia. En efecto, esto puede aplicarse a Sam Walton, fundador de Wal-Mart. Él explicó: "Creo que en toda mi vida, lo que escuché con más frecuencia que ninguna otra cosa fue: 'Una ciudad con menos de cincuenta mil habitantes no puede mantener por mucho tiempo a una tienda de descuento'". Pero Walton no pensó de la misma manera como lo hacían sus competidores y, por esa razón, su potencial fue

"El héroe es quien tiene ideas".
—Jack Welch

mayor. Mientras que los demás comerciantes seguían el pensamiento popular, Walton pensó por sí mismo e inició con vigor. Esto le ha retribuido de una forma significativa. En la actualidad, Wal-Mart es la cadena más grande del mundo de tiendas al menudeo, con más de un millón de empleados y con ventas anuales que superan los ciento noventa y un mil millones de dólares. Más de cien millones de clientes visitan las tiendas Wal-Mart cada semana.[7] ¡Eso sí que es aumentar su potencial a través de sus ideas! No hay duda de por qué el ex director de General Electric, Jack Welch, dijo: "El héroe es quien tiene ideas".

El mayor obstáculo para el éxito futuro de muchas personas es su forma de pensar en el presente. Si su forma de pensar es limitada, también lo será su potencial. Pero, si las personas pueden mantener sus pensamientos en continuo crecimiento, entonces superarán constantemente lo que hacen y su potencial siempre estará más allá de lo común.

3. El buen pensamiento produce más de sí mismo SI...usted hace de él un hábito.

Albert Einstein hizo la observación: "Los problemas que enfrentamos en la actualidad no pueden resolverse en el mismo nivel de pensamiento en el cual nos encontrábamos cuando los creamos". Mire a su alrededor y verá que es cierto: el mundo se vuelve cada vez más complicado. ¿Eso lo desanima? No debe hacerlo. Hace muchos años, me encontré con una cita que me impresionó. Decía:

> Soy tu compañero constante. Soy tu mayor ayuda o tu carga más pesada. Te empujaré hacia delante o te arrastraré al fracaso. Estoy por completo a tus órdenes; mitad de lo que haces podrías entregármelo a mí y lo haría rápida y correctamente. Soy fácil de manejar, simplemente hay que ser firme conmigo; muéstrame exactamente cómo quieres que se haga algo y tras unas cuantas lecciones lo haré automáticamente.
>
> Soy el sirviente de todos los grandes hombres y, oh, también de todos los que han fracasado. A quienes son grandes, yo los he hecho grandes; y aquellos que han fallado, yo los he hecho fallar. No soy una máquina, aunque trabajo con toda la precisión de una máquina, más la inteligencia del hombre. Puedes usarme para beneficio o para ruina, me es indiferente. Tómame, adiéstrame, sé firme conmigo y pondré el mundo a tus pies; sé indulgente conmigo y te destruiré.
>
> ¿Quién soy? ¡Soy un hábito! [8]

La buena noticia es que, sin importar lo complicada que se vuelva la vida o lo difíciles que parezcan ser los problemas, el pensar bien puede hacer la diferencia, si usted hace de ello una parte constante de su vida. Mientras más se involucre en el pensar bien, más buenos pensamientos llegarán a usted. El éxito llega a quienes tienen como hábito hacer cosas que no hacen quienes no son exitosos. El éxito llega a través del hábito del buen pensamiento. Cuanto más se envuelva en el buen pensamiento, más buenos pensamientos tendrá. Es como crear un ejército infinito de ideas, capaz de lograr casi cualquier cosa, como lo afirmó el dramaturgo Víctor Hugo: "Se puede resistir la invasión de un ejército, pero no la invasión de una idea".

Cada año le hablo a decenas de miles de personas acerca de los temas del liderazgo, el trabajo en equipo y el desarrollo personal. He encontrado que muchos de ellos creen que el buen pensamiento es algo tan complicado que se encuentra más allá de su alcance. Pero en realidad, es un proceso muy simple, cada persona tiene el potencial de convertirse en un buen pensador. He notado que:

> *"Se puede resistir la invasión de un ejército, pero no la invasión de una idea".*
> —Víctor Hugo

- Las personas que no tienen éxito centran sus pensamientos en sobrevivir.
- Las personas comunes centran sus pensamientos en mantenerse.
- Las personas exitosas centran sus pensamientos en el progreso.

Un cambio en su manera de pensar puede ayudarlo a avanzar de la supervivencia, o la manutención, al progreso real. El noventa y nueve por ciento de los logros es el resultado de saber lo que se quiere y pagar el precio para obtenerlo.

Retrato de una persona que piensa bien

¿Cómo se paga el precio de convertirse en una persona que piensa bien? O, en ese caso, ¿cómo es una persona que piensa bien? A menudo escuchará a alguien decir que un colega o amigo "piensa bien", pero esa frase significa algo diferente para todos. Para alguien podría significar tener un alto coeficiente intelectual, mientras que para alguien más podría significar saber muchas trivialidades o ser capaz de adivinar quién cometió el crimen en una novela de misterio. Creo que el pensar bien no es una sola cosa, consiste de muchas habilidades específicas de pensamiento. Volverse un buen pensador significa desarrollar esas destrezas hasta el máximo de lo que nos sea posible.

En *Built to Last (Construido para durar)*, Jim Collins y Jerry Porras describen lo que quiere decir ser una compañía con visión, la clase de compañía que define el pináculo de los negocios en los Estados Unidos. Ellos describen estas compañías de la siguiente manera:

> Una compañía con visión es como una gran obra de arte. Piense en las escenas del Génesis que Miguel Ángel pintó en el techo de la Capilla Sixtina o piense en la estatua de David que el mismo Miguel Ángel esculpió. Piense en una novela grande y perdurable como *Huckleberry Finn* o *Crimen y Castigo*. Piense en la *Novena Sinfonía* de Beethoven o en el *Enrique V* de Shakespeare. Piense en un edificio bellamente diseñado, como las obras maestras de Frank Lloyd Wright o Ludwig Mies van der Rohe. No se puede señalar una parte única que haga funcionar el todo, es la obra completa —todas las piezas que trabajan juntas para crear un efecto total— lo cual lleva a una grandeza imperecedera.[9]

El buen pensamiento es similar, usted necesita todas las "piezas" del pensamiento para convertirse en la clase de persona que puede alcanzar grandes logros. Esas piezas incluyen las siguientes once técnicas de pensamiento:

- Adquirir la sabiduría del pensamiento global.
- Liberar el potencial del pensamiento concentrado.
- Descubrir el gozo del pensamiento creativo.
- Reconocer la importancia del pensamiento realista.
- Liberar el poder del pensamiento estratégico.

- Sentir la energía del pensamiento de posibilidades.
- Aceptar las lecciones del pensamiento reflexivo.
- Cuestionar el pensamiento común y corriente.
- Participar del pensamiento compartido.
- Experimentar la satisfacción del pensamiento desinteresado.
- Disfrutar de los beneficios del pensamiento enfocado en las ganancias.

Al leer los capítulos dedicados a cada técnica de pensamiento, descubrirá que *Piense, para obtener un cambio* no es un libro que intente decirle qué pensar, sino *cómo* pensar. Conforme se familiarice con cada técnica, se dará cuenta que algunas le serán fáciles y otras no. Aprenda a desarrollar cada una de estas formas de pensar y se convertirá en un mejor pensador. Domine todas las técnicas de pensamiento que pueda (incluyendo el proceso del pensamiento compartido, el cual lo ayudará a compensar sus áreas débiles) y su vida cambiará.

Consejos de una persona que piensa bien

En una ocasión leí que: "La batalla por el control y el liderazgo del mundo siempre se ha librado con mayor efectividad en el nivel de las ideas. Una idea, ya sea correcta o incorrecta, que capture las mentes de la juventud de una nación, buscará pronto la forma de llegar a cada área de la sociedad, especialmente en nuestra era de los multimedios. Las ideas determinan las consecuencias".[10]

"La batalla por el control y el liderazgo del mundo siempre se ha librado con mayor efectividad en el nivel de las ideas".
—El pacto americano

Todos los días, he logrado ver en acción el poder de las ideas en la vida de personas jóvenes, ya que mi compañía, el grupo INJOY, tiene como empleados a muchos hábiles líderes de entre veinte y cuarenta años. Gabe Lyons, un vicepresidente de INJOY, asistió hace poco a un evento en el teatro Fox, en el centro de Atlanta, Georgia y regresó ardiendo de entusiasmo. En esa ocasión el orador fue Jack Welch, ex director de General Electric. Gabe asistió ese día, pues estaba estudiando liderazgo y desarrollo personal y quería aprender de uno de los mejores líderes de negocios en el mundo.

Gabe era uno de cerca de seiscientos empresarios que asistieron. Jack Welch fue a promover su libro *Jack: Straight from the Gut* (*Jack: directo del corazón*), pero no citó partes del libro ni dio una conferencia prefabricada, sino hizo algo mucho más valioso para su público: respondió a sus preguntas. Gabe dijo que, por espacio de casi dos horas, fluyó oro puro de la boca de Jack, y lo mejor que aprendió fue la respuesta a una pregunta de un joven empresario de veintitantos años, Gabe me contó:

Un hombre joven le preguntó: "Cuando tenía mi edad, ¿qué hizo para elevarse por encima de todos sus asociados? ¿Cómo sobresalió de entre la multitud de otros colegas jóvenes, ambiciosos y ávidos?". Jack le respondió: "Excelente pregunta, joven, y esto es algo importante que todos deben oír. Lo primero que deben entender es la importancia de salir del "montón" y la única manera en que sobresaldrán ante sus jefes es entender este sencillo principio: Cuando su jefe les haga una pregunta, les asigne un proyecto sencillo o los envíe a recolectar alguna información, deben entender que su jefe ya conoce la respuesta que está buscando. De hecho, en la mayoría de los casos, simplemente quiere que ustedes salgan y confirmen lo que, en su interior, cree que es cierto".

"La mayoría de las personas simplemente van y hacen eso mismo, confirman lo que su jefe cree que es cierto;

pero esto es lo que marca la diferencia, deben entender que la pregunta es sólo el comienzo. Cuando su jefe les haga una pregunta, esa pregunta debe convertirse en el punto de partida para muchas más ideas y pensamientos. Si ustedes quieren ascender, deben concentrar sus pensamientos y su tiempo no sólo en responder a la pregunta, sino en ir sobre y más allá de ella, para añadirle valor a la línea de pensamiento en la que se encontraba su jefe".

"En términos prácticos, esto significa regresar a la mesa y no sólo presentar a su jefe una respuesta, sino tres o más ideas diferentes, opciones y perspectivas que quizás su jefe no consideró antes. La meta es añadir valor a la idea y al pensamiento al exceder las expectativas cuando se les haga una pregunta. Esto no sólo se aplica a las preguntas, sino a los trabajos que les asignen, a las iniciativas y a todo lo demás que reciban por parte de sus superiores".

Jack aterrizó esta cuestión de forma enfática: "Así que, si entienden que la pregunta es sólo el principio, saldrán rápidamente del montón, *ya que el 99.9% de todos los empleados se encuentran en el montón porque no piensan.* ¡Si ustedes entienden este principio, siempre recibirán preguntas cada vez más decisivas que responder y, con el tiempo, ustedes serán quienes les hagan las preguntas a los demás!".

Si usted desea salir del *montón*, levantarse por encima de las circunstancias, subir a otro nivel en su carrera y en su vida personal, entonces necesita aceptar el consejo de Jack Welch, necesita convertirse en el mejor pensador en que pueda convertirse, lo cual podrá transformar su vida.

*"El 99.9% de todos los empleados
se encuentran en el montón
porque no piensan".*
—Jack Welch

PREGUNTA DE REFLEXIÓN

¿Creo que pensar bien puede cambiar mi vida?

Entienda el pensar bien

1. ¿Quiénes son las personas que usted conoce que piensan mejor? Nómbrelos.

_____

_____

_____

_____

_____

_____

2. ¿Qué es lo que los separa del resto de las personas? Describa lo que tienen de diferente.

_____

_____

_____

_____

_____

Escoja a alguno de esos buenos pensadores y busque pasar algún tiempo con él o ella. Es importante con quién se asocie.

3. En el pasado, ¿cómo habría definido "pensar bien"? ¿Cómo lo describiría ahora?

_____

_____

_____

_____

_____

4. ¿Qué problemas personales o profesionales han sido obstáculos recurrentes para su progreso? No intente resolverlos ahora, simplemente escríbalos aquí:

_____

_____

_____

_____

_____

Capítulo 2

Dése cuenta de los resultados que puede obtener al cambiar su forma de pensar

"No puedes evitar que las personas piensen
—pero sí motivarlos a que lo hagan".
—FRANK A. DUSCH

¿En qué pensaban?

"Le daremos a este equipo un giro de 360 grados".
—JASON KIDD,
cuando fue seleccionado para la NBA

Es fácil creer que quienes no son exitosos deben cambiar su manera de pensar; pero, ¿qué ocurre con personas que han alcanzado algún grado de éxito? ¿Es posible que un individuo avance al siguiente nivel sin cambiar su forma de pensar? Karen Ford puede responder esa pregunta. Conocí a Karen en 1998, antes de dar una conferencia sobre liderazgo a un gran grupo de consultores de Mary Kay. Fue ahí donde me contó su historia.

Un giro en el camino

Karen Ford no comenzó teniendo como meta ser una mujer de negocios o una empresaria, comenzó como maestra. Ella dice: "Cuando me gradué de la preparatoria, las opciones para las mujeres eran muy limitadas, sólo podía ser maestra o enfermera. Así que asistí a una escuela normal y me convertí en maestra de educación primaria".

Karen enseñó en segundo grado durante diez años, y era muy buena en ello. Sin embargo, en 1987, sus circunstancias cambiaron de manera radical. Su segundo hijo nació con un problema cardíaco que hacía necesario que recibiera un medicamento cada cuatro horas, todos los días, durante un año. Ya que uno de sus padres era quien debía administrarle el medicamento, Karen dejó su empleo y se quedó en casa para cuidar de su hijo.

Esta situación colocó a su familia en dificultades financieras, por lo cual comenzó a buscar una solución. Poco después decidió probar en Mary Kay. Esta opción le atrajo porque podría ganar cincuenta dólares a la semana para compensar los ingresos de maestra que había dejado de percibir. Hizo planes para vender cosméticos un año, y después, cuando su hijo se hubiera recuperado, regresaría a su carrera en la enseñanza.

Sorprendida por el éxito

Lo anterior era lo que Karen esperaba que sucediera, pero pronto se dio cuenta que en verdad disfrutaba trabajar en Mary Kay y que era buena, *muy buena* para eso. Ella dice: "Estaba recibiendo más ingresos de lo que jamás pensé que sería posible, me premiaban con diamantes, viajes y autos". Una nueva vida se abrió para Karen y comenzó a descubrir dones y talentos que nunca había aprovechado. Jamás regresó al salón de clases.

Durante los años siguientes, Karen trabajó duro para vender productos, reclutar mujeres con mentes afines y construir su propia organización. En Mary Kay, cada mujer es una empresaria

independiente. La compañía, trabaja con más de setecientas
cincuenta mil consultoras de belleza, y opera bajo esta filosofía: "En los negocios, ve para ti mismo, pero no por ti mismo".
Pronto, el éxito de Karen la hizo parte de un grupo exclusi-
vo; se volvió una de ocho mil doscientas directoras de venta.
Pero ella quería más, creía que podía llegar al siguiente nivel,
el nivel más alto en Mary Kay; quería convertirse en una directora nacional de ventas.

Durante los siguientes cinco años, Karen trabajó de forma
incansable para alcanzar su meta. Reclutó a otras personas, exten-
dió su alcance y logró un objetivo de ventas tras otro. Consiguió
que sus ventas subieran de medio millón de dólares, algo que ya
era impresionante de por sí, a seiscientos cincuenta mil dólares.
Ella creía haber hecho todo lo necesario para llegar al nivel más
alto, pero cuando al fin le llegó la llamada de Mary Kay, en 1995,
fue para decirle que *no* la habían nombrado directora nacional de
ventas. La noticia la decepcionó, pero la crítica que le siguió fue
aún más difícil. Karen se enteró de que la razón principal por la
cual no había obtenido el puesto, era que había reunido un grupo de seguidoras que simplemente intentaban llevar a cabo las
metas y los sueños de ella, en vez de reunir a líderes que pudieran
alcanzar los suyos propios y, además, impulsar a otros a tener
éxito. Ella recuerda: "Me di cuenta de que ser una líder de líderes era mucho más difícil de lo que pensaba". Este fue el primer
fracaso real de Karen, y se sintió devastada.

Cambió su forma de pensar

Karen se sintió tan desalentada que estuvo a punto de abando-
nar Mary Kay. Consideró seriamente aceptar una oferta para
capacitar líderes en otra compañía, un empleo que habría requerido cerca de doce horas de trabajo al mes y cuyo ingreso anual
sería un número de seis cifras. Hasta llegó a intentar escribir su
carta de renuncia varias veces, pero simplemente no pudo hacerlo; seguía pensando en las personas de su organización y en sus

esperanzas y sueños. No deseaba cambiar su meta, así que, decidió cambiar su forma de pensar.

"No renunciar fue una decisión muy consciente, pero cuando la tomé, supe que debía cambiar mis pensamientos para poder avanzar", dice Karen. "La primera persona a quien debía ajustar y con quien debía trabajar, era yo misma". Ya que ella sabía que no podría tener éxito al pensar de la manera en que pensaba, comenzó una carrera de superación personal, devorando cada libro o cinta de audio acerca de liderazgo que llegaba a sus manos. Durante meses, prácticamente ignoró a su organización y no hizo nada más que trabajar en sí misma y en cómo pensaba. Se puso la meta de aprender a dirigir líderes.

"Todo el mundo piensa en cambiar al mundo, pero nadie piensa en cambiarse a sí mismo".
—León Tolstoi

Cuando regresó y comenzó a trabajar de nuevo con sus colegas, hizo más que simplemente lanzar una visión y depender de la motivación. Usó sus nuevas técnicas de pensamiento. Veía todo de una manera diferente. Comenzó a crear estrategias y sistemas que ayudaran a su gente a crecer de la misma manera en que ella lo había hecho, y decidió convertirse en la mejor mujer de negocios que pudiera ser en su nivel *actual*. Es irónico que el fracaso anterior fuera lo que la llevó al siguiente nivel.

El novelista León Tolstoi hizo esta observación: "Todo el mundo piensa en cambiar al mundo, pero nadie piensa en cambiarse a sí mismo". Ya que Karen se cambió a sí misma de adentro hacia fuera, comenzó a atraer a nuevos tipos de personas, personas que podrían pensar y dirigir como ella lo hacía, y los llevó a nuevos niveles de logro. El 1 de octubre de 1998, recibió otra llamada de las oficinas centrales de Mary Kay. En esta ocasión, le informaron que había conseguido lo que sólo otros 170 consultores en todo el mundo habían logrado; la habían nombrado directora nacional de ventas, y esto ocurrió sólo porque había cambiado su manera de pensar.

Por qué debería cambiar su forma de pensar

No es posible sobrestimar el valor que tiene cambiar su forma de pensar. El pensar bien puede hacer mucho por usted: generar ingresos, resolver problemas y crear oportunidades, lo cual puede llevarlo a un nivel totalmente nuevo, tanto en lo profesional como en lo personal; en verdad puede cambiar su vida.

Considere algunas cosas que debe saber acerca de cambiar su manera de pensar:

1. El cambio no es automático

Cuando comenzaba a trabajar en este libro, hablé con algunas personas que han sido decisivas en mi vida, a quienes identifico como personas que tienen buenos pensamientos. Una de esas personas es mi hermano Larry, quien me dio esta cita: "Ni Laurel ni Hardy [personajes cómicos del cine mudo en los Estados Unidos conocidos como "El gordo y el flaco"] tenían algún mal pensamiento; de hecho ¡no pensaban en lo absoluto!" Si usted ha visto alguna de sus viejas películas, entonces sabrá a lo que Larry se refiere: la fuente principal de sus problemas cómicos era que ellos no tenían buenos pensamientos.

"Ni Laurel ni Hardy tenían algún mal pensamiento; de hecho ¡no pensaba en lo absoluto!".
—Larry Maxwell

Por desgracia, demasiadas personas imitan a Laurel y Hardy. Tristemente, los cambios en la manera de pensar no ocurren por sí mismos. Es raro que las buenas ideas salgan a buscar a alguien; si usted quiere encontrar una buena idea, deberá buscarla.

Si usted desea convertirse en alguien que piense mejor, necesitará trabajar en ello, y una vez que comience a transformarse, las buenas ideas seguirán llegando. De hecho, la cantidad de buenos pensamientos que pueda realizar en cualquier momento, depende principalmente de la cantidad de buenos pensamientos que ya esté realizando.

2. El cambio es difícil

Cuando usted escuche a alguien decir: "Esto es algo que se me acaba de ocurrir", espere escuchar una mala idea. Las únicas personas que creen que pensar es fácil, son aquellas que no lo hacen con mucha frecuencia. El físico ganador del premio Nobel, Albert Einstein, uno de los mejores pensadores que han vivido, afirmó: "Pensar es difícil, es por ello que tan pocos lo hacen". Ya que pensar es tan difícil, debemos usar lo que sea para ayudarnos a mejorar el proceso. (En el siguiente capítulo, ofrezco una estrategia para hacer del pensamiento algo más intencionado.)

3. Vale la pena invertir en el cambio

El autor Napoleón Hill hizo la siguiente observación: "Se ha extraído más oro de los pensamientos de los hombres del que jamás se haya extraído de la tierra". Cuando usted se toma el tiempo de aprender cómo cambiar su manera de pensar y convertirse en un mejor pensador, está invirtiendo en usted mismo. Las minas de oro se agotan, los mercados bursátiles se colapsan, las inversiones en bienes raíces pueden depreciarse; pero una mente humana con la habilidad de pensar bien es como una mina de diamantes que nunca se consume, no tiene precio.

"Se ha extraído más oro de los pensamientos de los hombres del que jamás se haya extraído de la tierra".
—Napoleón Hill

4. Un cambio en su forma de pensar es el mejor regalo que pueda dar a los demás

El autor H. L. Mencken afirmó: "Yo creo que más del ochenta por ciento de la raza humana vive sin tener un solo pensamiento original". Cuando Karen Ford cambió la manera en que pensaba, no sólo mejoró su vida, sino también las vidas de todas las personas de su organización. Aprender a pensar mejor es una gran inversión para usted mismo, y también, es el mejor obsequio que podría dar a alguien más, pues representa regalar el don del potencial ilimitado.

Los resultados de cambiar la forma de pensar

La mayor parte de las personas que no están conformes con su vida no conocen el porqué. Con frecuencia, creen que se debe culpar a otras personas o a las circunstancias. Aún los individuos

Sólo cuando haga los cambios adecuados a su manera de pensar, lo demás comenzará a funcionar bien en su vida.

honestos, que se conocen y saben que el problema está en ellos mismos, pueden tener dificultades para llegar a la raíz del problema. Se preguntan: "¿Por qué soy así?" Desean cambiar, pero no hacen nada de manera diferente para *poder* cambiar, simplemente esperan que todo resulte bien, y se frustran cuando las cosas no ocurren de ese modo. Reconozca que sólo cuando haga los cambios adecuados a su manera de pensar, lo demás comenzará a funcionar bien en su vida.

Y antes de esbozar que cambiando los pensamientos cambia la vida, necesito mencionar algo: una persona no puede cambiar a otra. Como instructor motivacional, intenté cambiar a las personas durante muchos años, y nunca funcionó. Yo tenía buenas intenciones, pero al final, me di cuenta de algo: yo debía ser responsable con las personas, pero no podía ser responsable de ellas. Como líder, necesitaba enseñar el valor de cambiar el pensamiento y de cómo hacer los cambios necesarios, pero las personas eran responsables de realizarlos.

En las siguientes páginas, usted verá cómo puede cambiarse a sí mismo si acepta la responsabilidad de cambiar su manera de pensar. ¡Siga fielmente este proceso que describo a continuación y obtendrá como resultado una vida cambiada!

Paso 1:
Cambiar su manera de pensar cambiará lo que usted cree

Karen Ford señaló: "Las personas nunca alcanzarán lo que ellos mismos no se vean haciendo". Cuando Karen se determinó a mejorar en ella su manera de pensar, lo que ella creía cambió. Ella comentó: "Lo que cambié primero fue lo que yo creía sobre mis habilidades personales". Esa transformación fue muy importante. El fracaso que sufrió al intentar alcanzar su sueño sacudió su confianza en sí misma, pero una vez que llevó a la práctica las técnicas de pensamiento que le harían posible ser una líder más efectiva, la recuperó. Comenzó a ver a los demás de una forma diferente: veía el potencial de las personas y se proponía como meta enseñarles a pensar; después, las destrezas que adquirían, les ayudaban a creer en sí mismos, pues sin esa creencia, no podrían avanzar.

> *"Se ha extraído más oro de los pensamientos de los hombres del que jamás se haya extraído de la tierra".*
> —Napoleón Hill

Mi amigo, el escritor Gordon MacDonald dice:

Con las presiones de nuestra sociedad, las personas que se encuentran mentalmente "fuera de forma", se vuelven víctimas de ideas y sistemas que son destructivos para el espíritu y las relaciones humanas. Son víctimas porque no se les ha enseñado cómo pensar, ni se han propuesto desarrollar su mente sin interrupción a lo largo de su vida. Al no tener el beneficio de poseer una mente fuerte, se vuelven dependientes de las opiniones y pensamientos de los demás. En vez de lidiar con ideas y problemas, se limitan a vivir llenos de reglas, normas y programas.

O simplemente se rinden, como quiso hacerlo Karen Ford. Sin embargo, la buena noticia es que aun si usted carece de aquello a lo que MacDonald llama "una mente fuerte", no hay razón para rendirse o tener una vida poco satisfactoria. La mente humana *puede* cambiar; de hecho, esa es una de las cosas que mejor sabe hacer, siempre y cuando usted esté dispuesto a hacer el esfuerzo de cambiar su manera de pensar.

Cuando luche para corregir su forma de pensar, recuerde lo siguiente:

- El cambio es <u>personal</u>—*Necesito* cambiar.
- El cambio es <u>posible</u>—*Soy capaz* de cambiar.
- El cambio es <u>provechoso</u>—Seré *recompensado* al cambiar.

Y usted necesita recordar, sin importar la edad que tenga o las circunstancias en las que se encuentre, usted puede modificar su manera de pensar. Y al hacerlo, lo que usted cree cambiará.

Paso 2:
Modificar sus creencias transformará sus expectativas

El empresario multimillonario Richard M. DeVos, dice: "Con frecuencia, lo único que separa a un hombre de lo que desea en la vida, es la voluntad de intentarlo y la fe de creer que es posible".

Una creencia no es sólo una idea que usted posee, es una idea que lo posee a usted. Las creencias contienen un gran poder, pues transforman las expectativas de los individuos. Cuando Karen Ford cambió su manera de pensar y construyó sus creencias sobre una nueva base de desarrollo, tenía algo más que sólo una esperanza y un sueño para impulsarse. Ella esperaba alcanzar su meta, porque se había dado al arduo trabajo de cambiar su manera de pensar y prepararse para conseguirla. También había preparado a su gente. Ellos esperaban tener éxito y lo obtuvieron. Las palabras del autor Nelson Boswell son ciertas: "El paso inicial y el más importante hacia el éxito es la expectativa de que podemos tenerlo".

Una creencia no es sólo
una idea que usted posee,
es una idea que lo posee a usted.

Paso 3:
Transformar sus expectativas renovará su actitud

Un hombre entró a la carpa de la adivina en una feria y le pagó para que le leyera la mano:

—Veo muchas cosas —dijo.

—¿Como qué? —Preguntó el hombre.

—Será pobre e infeliz hasta los cuarenta y cinco años —afirmó.

—Oh —dijo con desánimo. Y luego le preguntó— ¿Qué ocurrirá cuando tenga cuarenta y cinco años?

—Se acostumbrará.

Nuestras expectativas tienen un enorme impacto sobre nuestras actitudes. Ben Franklin bromeaba diciendo: "Bienaventurado el que no espera nada, porque eso recibirá". Las expectativas negativas son una ruta fácil para llegar a un estancamiento mental. ¿Cuántas personas exitosas conoce que sean apáticas y negativas? Las expectativas positivas traen una actitud positiva, producen emoción, convicción, deseo, confianza, compromiso y energía; todas las características que ayudan a que una persona alcance el éxito. Si a usted le gustase poseer estas cualidades en una mayor abundancia, entonces eleve sus expectativas.

Paso 4:

Renovar su actitud enmendará su comportamiento

¿Alguna vez ha observado cómo su estado de ánimo afecta la manera en que actúa? Cuando se siente especialmente contento, ¿tiene más energía? ¿Es más amable con los demás? ¿Asume sus labores con mayor presteza y las termina de forma competente y con confianza? Y cuando tiene un mal día, ¿trabaja menos? ¿Es menos paciente con su familia y sus colegas? ¿Todo le parece ser una dura faena? El clérigo Earl Riney afirmó: "Nuestras emociones son las fuerzas que conducen nuestras vidas".

Las expectativas negativas son una ruta fácil para llegar a un estancamiento mental.

¿Qué es una actitud? Yo creo que…

Es un "adelanto" de quiénes somos en verdad.
Sus raíces se encuentran en el interior y sus frutos salen al exterior.
Es nuestra mejor amiga o nuestra peor enemiga.
Es más honesta y coherente que nuestras palabras.
Es una apariencia exterior basada en experiencias pasadas.
Es algo que acerca a las personas a nosotros o las aleja.
Sólo se satisface al expresarse.
Es la bibliotecaria de nuestro pasado.
Es portavoz de nuestro presente.
Es el profeta de nuestro futuro.[11]

Una actitud es algo más que un estado de ánimo o una emoción predominante sostenida por mucho tiempo. El psicólogo William James dijo: "Lo que acapara nuestra atención determina nuestra acción". En otras palabras, nuestro comportamiento proviene de nuestra actitud; no se les puede separar. Como dice el escritor LeRoy Eims: "¿Cómo saber lo que está en su corazón? Mire su comportamiento".

Paso 5:
Enmendar su comportamiento mejorará su desempeño

Cuando tenía alrededor de veinte años, decidí volverme un mejor golfista. Disfruté el juego, en especial el reto mental que implicaba, pero mi desempeño dejaba mucho que desear, así que visité a un golfista profesional para que me diera algunos consejos sobre cómo mejorar.

Mi forma de jugar al golf sufría de varias imperfecciones, pero el problema más serio era la forma en que yo sujetaba el palo.

—Lo sujetas como si fuera un bate de béisbol —me dijo el profesional— nunca mejorarás hasta que no lo cambies.

Entonces me mostró la manera correcta de sostener el palo.

—No es cómodo sujetarlo así —dije—, ¿esa es la forma correcta?

—Así es —respondió.

—No sé si algún día lograré hacerlo de este modo —me quejé.

Nunca se impresione tanto con establecer metas, impresiónese con *alcanzarlas*.

—Depende de ti —respondió—. Puedes sostenerlo como lo hacías antes, pero nunca mejorarás.

Mi buen desempeño dependía de un cambio en mi forma de actuar, y enmendé mi comportamiento.

Nunca se impresione tanto con establecer metas, impresiónese con *alcanzarlas*. Alcanzar nuevas metas y avanzar a un nivel superior de desempeño siempre requiere de transformaciones, y son incómodas, pero consuélese al saber que si un cambio no incomoda, entonces, quizás, no es un cambio en realidad.

Paso 6:

Mejorar su desempeño cambiará su vida

Cuando mejora su desempeño, es decir, aquello que hace con regularidad, tiene el poder para cambiar su vida. Eso fue lo que ocurrió con Karen Ford y también me lo puedo aplicar a mí mismo. Aunque escribo muchos libros, soy principalmente un orador. En todos estos años, he sido invitado por Peter Lowe a hablar en sus seminarios sobre el éxito; me he dirigido a más de cincuenta mil personas al mismo tiempo en estadios de fútbol; he estado en el programa de televisión matutino *Good Morning America* (traducido, *Buenos días América*). He hablado en la semifinal de baloncesto colegial de los Estados Unidos (NCAA, siglas en inglés), en "Las 500 millas de Indianápolis" (carrera de autos) y en el "Juego de Estrellas" de baloncesto de la NBA. Cada año hablo en persona ante más de trescientos cincuenta mil espectadores. No menciono todo esto para presumir, lo hago para hacerle saber que cuando sostengo que soy una persona que se dedica a la comunicación, lo digo en verdad; mi vida lo demuestra.

Si usted me hubiera escuchado hablar hace tres décadas y media, jamás habría esperado que yo tuviera una carrera como ésta. Sencillamente digamos que yo no inspiraba a nadie; y que, si me hubiera quedado así, nunca le habría hablado a más de las cientos de personas que tenía en mi primera iglesia. Sin embargo, yo deseaba alcanzar mi mayor potencial, ir al nivel más alto del que fuera capaz. Estaba decidido a mejorar.

Para lograr un cambio en mi desempeño, primero cambié mi forma de pensar. Sabía que no podría tratar de comunicarme con la misma mentalidad que había tenido y lograr resultados diferentes. Comencé a estudiar y observar a oradores respetados en mi círculo limitado de experiencias. Intenté entender lo que hacían y luego los imitaba. Mejoré, pero todavía me faltaba mucho por hacer.

Al transcurrir el tiempo, tomé una ruta mucho más intelectual hacia la comunicación. Utilicé investigaciones, estadísticas y etimologías. En el proceso aprendí un poco más, en especial en cuanto a lo que se refería a preparación y redacción. Una vez que obtuve esas habilidades, comencé a explorar de manera más amplia. Comencé a estudiar a las personas que poseían un nivel de habilidad superior al de cualquier persona de mi círculo. Observaba cómo se vinculaban con el auditorio, y comencé a intentar hacer lo mismo. Me di cuenta de que las personas aprendían mejor cuando se les daba alguna clase de "gancho". Vi como las personas respondían al humor e incorporé la clase de humor que pude dominar. Todo ese tiempo continué añadiendo al lado razonado de la comunicación, lo cual, en esencia mejoró mi desempeño.

Le puede sonar extraño, pero tardé ocho años en aprender cómo ser yo mismo ante un auditorio y en desarrollar mi propio estilo. El proceso entero fue un enorme reto para mí y en ocasiones me sentí terriblemente solo. Sentía que era la única persona en el mundo que había tenido que sufrir todos estos cambios; aún cuando en mi mente sabía que no lo era. Convertirme en un mejor comunicador requería de una manera totalmente nueva de pensar, lo cual era incómodo; pero lo hice.

En los veinticinco años siguientes, he continuado la labor de mejorar y pulir mis habilidades. Sigo estudiando la comunicación y todavía intento aprender de quienes son mejores que yo. Mi estilo básico no ha cambiado, pero mi pensamiento sigue evolucionando; sé que si sigo cambiando mi manera de pensar, esto modificará lo que creo, lo cual transformará mis expectativas, éstas renovarán mi actitud, la que enmendará mi comportamiento, y éste mejorará mi desempeño; todo lo cual cambiará mi vida.

El siguiente nivel

El progreso siempre requiere de un cambio. Llegar al siguiente nivel implica renovar la mente. Usted puede saberlo de forma intuitiva, pero necesita lograr que esa idea sea la base para usted "hacer" su vida. Martin Grunder cuenta una historia acerca de Mark Victor Hansen, el orador motivacional que creó el imperio derivado del libro *Sopa de pollo para el alma*. Hace años, antes de su enorme éxito, Hansen se acercó a Tony Robbins en un evento en el que ambos darían conferencias.

—Tony —dijo— he hecho esto por mucho tiempo y me va bien. Gano un millón de dólares al año por hacer lo que hago, pero sé que tú ganaste ciento cincuenta y seis millones el año pasado con lo que enseñas, tus conferencias y todos tus productos. ¿Cómo lo haces? ¿Cómo yo puedo hacerlo?

Grunder dice que Robbins se volvió hacia Hansen y le preguntó:

—¿Quién se encuentra en tu grupo "cerebro"? (Un grupo "cerebro" es uno compuesto por personas con mentes afines que se reúnen para generar ideas y ser responsables unos de otros).

—Millonarios —respondió Hansen—, todos somos millonarios.

—Eso es lo que estás haciendo mal —resaltó Robbins—. ¡Necesitas encontrar algunos multimillonarios y comenzar a asociarte con ellos! *Ellos harán que comiences a pensar a su nivel.*[12] Decir que Hansen ha llegado a otro nivel desde esa conversación es ser modesto; su meta actual es vender mil millones de libros de *Sopa de pollo para el alma*, y va por buen camino para lograr ese objetivo.

Si usted quiere *vivir* en un nuevo nivel, tendrá que pensar en un nuevo nivel. Hace poco hablaba con mi viejo amigo Bob Taylor, el fundador de *Taylor Guitars (Guitarras Taylor)*. Bob es un genio en lo referente a la manufactura, y sucede que fabrica guitarras simplemente porque le encanta. Bob inventa la mayoría del equipo que se usa para diseñar y fabricar las guitarras que vende. Él entiende lo que vale pensar bien mejor que cualquier otra persona que yo conozca. Él declara: "Al final, el pensamiento claro e inspirado es la única manera de cambiar las cosas para bien. En una ocasión, al obtener el éxito en un proyecto en el que había fallado antes, alguien me preguntó: '¿Qué fue lo que cambiaste?', y respondí: 'Cambié mi mente'.

¿Usted quiere tener éxito donde ha fallado antes? ¿Quiere llegar a un nivel que jamás soñó fuera posible? ¿Quiere convertirse en la persona que siempre deseó ser? Si lo desea, no comience intentando cambiar sus acciones, comience cambiando su mente. Ninguna otra cosa que haga tendrá un impacto tan grande.

PREGUNTA DE REFLEXIÓN

¿Mi deseo de éxito y de mejorar mi vida es lo suficientemente fuerte para impulsarme a cambiar mi manera de pensar?

Mida los resultados que obtendrá al cambiar su forma de pensar

1. Cuando Karen Ford se enfrentó con los obstáculos en su camino que le impidieron llegar al siguiente nivel, estuvo a punto de renunciar. ¿Cómo usted ha manejado situaciones similares? Haga una lista de varias decepciones importantes que ha enfrentado en su carrera o en su vida personal y escriba cómo respondió ante ellas.

_____

_____

2. Cuando ha intentado mejorar su vida en el pasado, ¿en dónde ha concentrado sus energías? Usando la lista siguiente, clasifique a qué le da mayor importancia y márquelo con un "1". Marque el que sigue con el "2", y continúe seleccionando de mayor a menor importancia, hasta que haya clasificado los 6.

____   Pensamiento
____   Creencias
____   Expectativas
____   Actitud
____   Conducta
____   Desempeño

Basándose en sus respuestas, ¿cuánto tendrá que cambiar su forma natural de hacer las cosas, para lograr transformar su manera de pensar? Explique.

_____

_____

_____

_____

3. El éxito es bueno, siempre y cuando se le vea como un desarrollo y no como un fin en sí mismo. ¿Sus éxitos del pasado obstaculizan su éxito futuro? Piense en una experiencia de su vida en la cual haya tenido éxito, pero en la actualidad se encuentra estancado. Averigüe qué está faltando en su desempeño actual y comience a rastrearlo hacia atrás por el desempeño; luego, qué conducta hubo; después, qué actitud; enseguida, cuáles fueron sus expectativas; después, qué creía; hasta llegar a la fuente: el pensamiento. ¿Cómo debe cambiar su manera de pensar para que logre llegar al siguiente nivel?

_____

_____

_____

_____

Capítulo 3

Domine el proceso del pensamiento intencional

"Para que la flor florezca, se necesita el suelo indicado así como la semilla correcta. Lo mismo aplica cuando se cultiva el buen pensamiento".
—WILLIAM BERNBACH

¿En qué pensaban?

"La mitad de este juego es noventa por ciento mental".
—DANNY OZARK,
entrenador del equipo de béisbol de los Filis de Filadelfia

El presidente de una compañía le mostraba la oficina a un recién contratado ejecutivo subalterno. Mientras caminaban, los dos hombres pasaron frente a una gran oficina en una esquina, donde se encontraba sentada una mujer en una cómoda silla mirando por la ventana. La oficina no tenía escritorio, computadora, gabinetes para archivos ni ningún otro equipo, ni las herramientas que se encuentran normalmente en un ambiente de trabajo.

—Disculpe, señor —dijo el hombre recién contratado—, ¿por qué no usan esa oficina?

—Sí la usamos —respondió el presidente.

—Ah, bien. No vi un escritorio, ni nada, así que pensé que quizás se encontraba en transición. ¿Quién estaba sentada en la silla?

—Es una de nuestros vicepresidentes. Esa es su oficina —explicó el presidente.

—¿Qué hace ella para la compañía?

—Piensa —respondió el presidente con una sonrisa.

—¿Le pagan sólo por pensar? ¿Quiere decir que no debe de *producir* nada? Vaya, me gustaría tener un empleo como ese.

—La última idea que nos dio *produjo* veinte millones para esta compañía. Si usted logra hacer eso con regularidad, algún día podría tener un trabajo como el de ella.

Siempre hay demanda de buenos pensadores. Una persona que sabe *cómo*, siempre podrá tener un empleo; pero la persona que sabe *por qué*, siempre será el jefe. Los buenos pensadores resuelven problemas, nunca les faltan ideas que puedan construir una organización y siempre tienen la esperanza de un futuro mejor. Los buenos pensadores rara vez se encuentran a merced de personas despiadadas; a quienes les gustaría aprovecharse de ellos e intentar engañarlos. Personas como el dictador nazi Adolfo Hitler, quien en una ocasión se jactó: "Qué suerte para los gobernantes que los hombres no piensen". Quienes desarrollan el proceso de un buen pensamiento pueden gobernarse a sí mismos, aún bajo un gobernante opresivo o en otras situaciones difíciles.

Sitúese en el lugar correcto para pensar

No es excesivamente difícil convertirse en un buen pensador. Es una disciplina, y como la mayoría de las disciplinas, puede cultivarse

Siempre hay demanda de buenos pensadores. Una persona que sabe «cómo», siempre podrá tener un empleo; pero la persona que sabe «por qué», siempre será el jefe.

y refinarse. Es por ello que quiero enseñarle el proceso que yo he usado para descubrir y desarrollar buenos pensamientos. Definitivamente no es el único que funciona, pero me ha servido bien.

1. *Encuentre un lugar dónde pensar*

En una ocasión escuché que Charles Kettering, el gran inventor y fundador de Delco, quien poseía más de ciento cuarenta patentes y recibió doctorados honorarios por parte de casi treinta universidades, habló acerca de crear un lugar para pensar. Lo comparó con colgar una jaula para aves en la mente. Parece una forma bastante extraña de exponer esa idea, pero se vuelve más clara cuando escuchamos acerca de una apuesta de cien dólares que él hizo en una ocasión. Kettering le dijo a un amigo: Yo puedo hacer que tú compres un ave de mascota el próximo año. El amigo imaginó que nadie podría *convencerlo* de comprar un ave, así que aceptó la apuesta.

Poco después, Kettering le regaló a su amigo una jaula suiza para aves, carísima y hecha a mano. El hombre la llevó a su casa, y como era tan bella, la colgó en su comedor. Pero se encontró con que cada vez que tenía invitados, alguien le preguntaba: "¿Cuándo murió tu ave?".

"Nunca he tenido una", les respondía, y entonces, debía explicarles toda la historia. Después de contarla en muchas ocasiones, finalmente salió, compró un periquito y le pagó a Kettering los cien dólares que le debía. Después, Kettering dijo: "Si colocas jaulas en tu mente, con el tiempo conseguirás qué poner en ellas".

De la misma manera en que la jaula de Kettering atrajo un ave, un lugar asignado para pensar atraerá buenos pensamientos. Si usted va a su lugar para pensar esperando generar buenos pensamientos, entonces con el tiempo tendrá algunos.

Durante años, mi meta ha sido tener un buen pensamiento cada día. Ahora, eso no parece ser mucho, pero si usted fuera capaz de realizarla, haga cuenta: cinco días a la semana por doce meses, ¡tendría más de *doscientos cincuenta* pensamientos buenos cada año!

¿Cuál es el mejor lugar para pensar? Todos somos diferentes. Algunas personas piensan mejor bajo la ducha; a otros, como a mi amigo Dick Biggs, les gusta ir a un parque; para mí, los mejores lugares para pensar son:

- *En mi auto:* Ahí tengo mucho tiempo para pensar sin interrupciones. No doy a nadie el número del celular del auto, lo cual es fácil, ¡ya que ni siquiera sé cual es! Por lo general, cuando conduzco escucho cintas o dedico un tiempo a pensar de forma concentrada en algo específico.
- *En los aviones:* Por el itinerario que tengo como orador, paso bastante tiempo en aviones. En ocasiones, si algún miembro de mi personal necesita reunirse conmigo, le pido que me acompañe, para que podamos hablar. En la mayoría de los viajes, leo para generar ideas o paso tiempo reflexionando y anotando pensamientos.
- *En mi baño de hidromasaje:* Uno de mis lugares favoritos en el mundo es el baño de hidromasaje que se encuentra en mi patio trasero. Casi todos los días disfruto de la relajante agua tibia, reflexiono sobre lo que sucedió en el día y paso un tiempo orando.

También me vienen ideas en otros lugares, como cuando estoy en la cama (tengo una libreta de escribir en mi mesa de noche, para esas ocasiones). Creo que con frecuencia se me ocurren cosas porque he hecho un hábito de ir continuamente a mis lugares para pensar. Si usted quiere generar ideas constantemente, necesitará hacer lo mismo. Encuentre un sitio donde pueda pensar y

Cuando encontré un lugar donde
pensar, mis pensamientos encontraron
un lugar para aflorar en mí.

planee capturar sus buenos pensamientos en papel, para no perderlos. Cuando encontré un lugar donde pensar, mis pensamientos encontraron un lugar para aflorar en mí.

2. *Encuentre un lugar donde pueda dar forma a sus pensamientos*

Rara vez las ideas llegan totalmente formadas y resueltas, la mayoría del tiempo necesitan que se les dé forma, hasta que tengan sustancia. Como mi amigo Dan Reiland dice, tienen que "pasar la prueba de la claridad y los cuestionamientos". Durante este período de formación, se busca someter la idea a un fuerte escrutinio. En muchas ocasiones, un pensamiento que parecía excepcional por la noche, parece bastante tonto a la luz del día.

Por eso, haga preguntas acerca de sus ideas, afínelas. Una de las mejores maneras de hacerlo es escribir los pensamientos. El profesor, director de una universidad y senador de los Estados Unidos, S. I. Hayakawa, escribió: "Aprender a escribir es aprender a pensar. No sabes nada con claridad a menos que puedas exponerlo de forma escrita".

"Aprender a escribir es aprender a pensar. No sabes nada con claridad a menos que puedas exponerlo de forma escrita".
—S. I. Hayakawa

Al dar forma a sus pensamientos, usted comprueba si una idea tiene potencial. Aprende lo que usted tiene. Y también aprende algunas cosas sobre sí mismo. El tiempo en el cual se da forma a las ideas me entusiasma, porque contiene:

- *Humor:* Los pensamientos que no funcionan a menudo nos hacen reír y hasta nos relajan.
- *Humildad:* Cuando en esos momentos me dirijo a Dios, su grandeza me llena de reverencia.

- *Emoción:* Me encanta jugar en la mente con una idea (yo le llamo "estar futureando").
- *Creatividad:* En esos momentos la realidad no me limita.
- *Realización:* Dios me creó para este proceso, el cual despliega mis mayores dones y me brinda gozo.
- *Honestidad:* Al dar vueltas a una idea en mi mente, descubro mis verdaderos motivos.
- *Pasión:* Cuando doy forma a un pensamiento, se hace manifiesto lo que creo y lo que realmente es importante.
- *Cambio:* La mayoría de los cambios que durante mi vida he hecho fueron el resultado de pensar continuamente en un tema.

La fase de dar forma a los pensamientos ha dejado una gran marca en mí. Durante esta fase, he experimentado mis momentos más altos y los más bajos. A lo largo de los años, durante esos tiempos cuando, recibí mi llamado para el ministerio, fue ahí también donde Dios me quebrantó y me humilló, donde mis convicciones se formaron y mis prioridades se establecieron y se volvieron clara, donde he reconocido mis fallas como líder o mis deficiencias como esposo; también ahí he celebrado algunos éxitos. Quien soy en la actualidad es resultado de esos estudios en lo que se da forma a las ideas. Y todavía me levanta y me impulsa cualquier lapso cuando aparto un tiempo para pensar y reflexionar.

Le he dado forma a mis pensamientos en muchos lugares. Mientras estudiaba mi licenciatura, visitaba una casa antigua construida con bloques de ceniza en Circleville Bible College (*Colegio Bíblico de Circleville*). Inmediatamente después que me casé y comencé a trabajar en mi primer empleo, pasé mucho tiempo sentado en una roca que se encontraba detrás de mi casa en Hillham, Indiana. Cuando viví en Lancaster, Ohio, me iba a un parque. En San Diego, visitaba un lugar en mi iglesia al que llamaba el "aposento alto". Y hoy en día, doy forma a mis ideas en la oficina que tengo en mi casa o cuando paso tiempo en las montañas del Norte y Sur de Carolina, E. U. A.

Usted puede dar forma a sus pensamientos en casi cualquier sitio, simplemente encuentre un lugar que funcione para usted, donde sea capaz de escribir cosas, de enfocar su atención sin interrupciones y donde pueda hacer preguntas acerca de sus ideas. Como dice Dave Sutherland, presidente de ISS o INJOY Stewardship Services (*Servicios de Administración INJOY*): "En ocasiones, las preguntas que haces son más importantes que las respuestas que recibes". En ocasiones, al hacer preguntas se obtiene una perspectiva de las ideas del otro. Cuando he intentado dar forma a mis pensamientos, frecuentemente me doy cuenta que mis pensamientos me han dado forma a mí.

3. Encuentre un lugar dónde ampliar sus pensamientos

Si usted se topa con grandes pensamientos y se dedica a darles forma, no crea que ha terminado y que puede detenerse ahí; si usted lo hace, se perderá de algunos de los aspectos más valiosos del proceso del pensamiento. Usted se pierde de introducir a otras personas y de ampliar las ideas a su mayor potencial.

Con frecuencia fui culpable de este error en el pasado, debo admitirlo. Quería tomar una idea, una semilla de pensamiento, y llevarla hasta su resolución antes de compartirla con alguien; ni siquiera con las personas a quienes podría afectar más. Muchas veces hice esto, tanto en el trabajo como en casa. Pero, con los años, he aprendido que se puede llegar mucho más lejos con un equipo de personas de lo que se puede alcanzar estando solo.

De todo corazón estoy convencido de lo que escribí en *Las 17 leyes incuestionables del trabajo en equipo:* "Uno es un número demasiado pequeño como para alcanzar la grandeza". Si usted en verdad quiere llevar una idea al nivel más alto, pida a otras personas que lo ayuden.

Al reflexionar, he encontrado una especie de fórmula que puede ayudarlo a ampliar sus pensamientos. Es esta:

El **pensamiento** indicado, mas las **personas** indicadas, en
el **entorno** indicado, en el **momento** indicado, por la **razón**
indicada = El **resultado** indicado.

Esta combinación es difícil de vencer. Este es el porqué:

- *El pensamiento indicado:* Por lo general, todo debe
  comenzar con la semilla de una idea. Como George
  Gardner observó: "El pensamiento es, quizá, el
  predecesor o hasta la madre de las ideas; y las ideas
  son las cosas más poderosas y útiles en el mundo".
- *Las personas indicadas:* Cuando usted expone una
  idea a las personas indicadas, pueden ocurrir cosas
  increíbles. A menudo, el pensamiento original crece
  junto con su visión, su poder y su impacto. ¿Quiénes
  son las personas indicadas para ampliar una visión?
  Son quienes lo conocen y lo aman a usted, que acojan,
  agranden, fortalezcan y complementen su visión. Son
  aquellos pocos que amplían un pensamiento antes de
  que usted lo complemente con otros. Las siguientes,
  son algunas de las personas con quienes comparto
  mi vida presente, y estas son las áreas en las que me
  ayudan a desarrollar mis pensamientos:
    Larry Maxwell: Negocios
    Dan Cathy: Servicio
    Dave Sutherland: Estrategia
    John Hull: Relaciones
    Fred Smith: Inspiración
    Kevin Small: Oportunidad
    Margaret Maxwell: Perspectiva
    Tom Phillippe: Sabiduría
    Jim Dornan: Cambio
    Pat Williams: Creatividad
    Bill Bright: Visión
    Charlie Wetzel: Redacción

Las personas que lo rodean, tienen un impacto sobre su manera de pensar, para bien o para mal. Así que, ¿por qué no trabajar estratégicamente para encontrar personas que lo ayuden a desarrollarse y a alcanzar su potencial? Propóngase una meta de encontrar a personas que le añadan valor en los aspectos de su vida que para usted son importantes (y esté dispuesto a hacer lo mismo por los demás). Esto llevará su pensamiento a un nivel totalmente nuevo.

- *El entorno indicado:* Su entorno ampliará o encogerá sus ideas. En el entorno correcto se valora el pensamiento, las ideas fluyen libremente, los nuevos enfoques son bienvenidos, se espera el cambio, se fomentan las preguntas, se revisan los egos, las ideas estimulan mejores ideas y el pensamiento genera trabajo en equipo. Si usted se encuentra atrapado en un mal entorno, entonces encuentre uno que lo motive. Si usted es un líder, dese cuenta que usted creó el entorno que lo rodea, por eso la responsabilidad de mejorarlo es suya.

- *El momento indicado:* Las ideas son frágiles cuando ven por primera vez la luz del día, no sobrevivirán si usted intenta ponerlas en práctica con demasiada rapidez o trata de introducirlas cuando hay más detractores que simpatizantes hacia ellas. El emperador Adriano, de la antigua Roma, creía: "Estar en lo correcto demasiado pronto, es estar equivocado". Mientras aún se encuentre en la etapa de expansión de una idea, preséntela sin un marco de tiempo ni metas establecidas con rigidez. Se debe permitir que los pensamientos respiren antes de hacer uso de ellos.

- *La razón indicada:* J. P. Morgan aseveró: "Un hombre siempre tiene dos razones para hacer cualquier cosa: una buena razón y la verdadera razón". Los motivos son importantes. Por lo general, las personas desean ayudar a ampliar ideas que añadan valor a los demás.

Al igual que cada persona, cada pensamiento tiene el potencial de convertirse en algo grande. Cuando usted consigue un sitio dónde ampliar sus pensamientos, encuentra ese potencial. En ocasiones un pensamiento es tan solo un trampolín para una idea mayor; pero, sin ese trampolín, jamás se podría llegar a esa idea mayor. A veces un pensamiento se vuelve grande cuando se asocia con otra idea; otras veces, un pensamiento sobresale tal como es y sólo necesita encarnarse. Encontrar un lugar para ampliar sus pensamientos le da una oportunidad de llevar esa idea lo más lejos que le sea posible. Cuando he intentado desarrollar mis pensamientos, he descubierto que pensar me ha desarrollado a mí.

4. *Encuentre un sitio donde aterrizar sus pensamientos*

El autor C. D. Jackson hace esta observación: "Las grandes ideas necesitan tanto alas como trenes de aterrizaje". Cualquier idea que permanece siendo solo una idea no produce un gran efecto. El verdadero poder de una idea surge cuando esta pasa de la abstracción a la aplicación. Piense en la teoría de la relatividad de Einstein. Cuando publicó sus teorías, en 1905 y 1916, únicamente eran ideas profundas; su verdadero poder llegó con la construcción del primer reactor nuclear, en 1942, y de la bomba nuclear, en 1945. Cuando los científicos desarrollaron e implementaron las ideas de Einstein, el mundo entero cambió.

De la misma manera, si usted quiere que sus pensamientos tengan un efecto, usted necesita aterrizarlos con otras personas para que así, algún día, puedan implementarse. Mientras planea el período de aplicación, en el proceso del pensamiento, aterrice primero sus ideas con...

- *Usted mismo*: Aterrizar una idea consigo mismo le dará integridad. Las personas se convencen de una idea sólo cuando los convence el líder que se las comunica, lo cual no ocurrirá si el líder no cree en ella. Por eso, antes de enseñar cualquier lección, me hago estas tres preguntas: "¿Creo lo que digo? ¿Lo vivo? ¿Creo que otros deberían vivirlo?" Si no puedo responder "sí" a las tres preguntas, entonces no la he aterrizado.

- *Jugadores clave:* Seamos realistas, ninguna idea podrá volar si no la adoptan quienes influyen en ella. Después de todo, son ellos quienes llevan la idea a la aplicación. Aterrizar una idea con quienes tienen influencia en la organización donde usted se encuentra, aumentará la influencia que usted tenga sobre ella.
- *Los más afectados:* Aterrizar pensamientos con quienes se encuentran en la línea de fuego le dará un gran conocimiento. Quienes están más cerca de los cambios que ocurrirán como resultado de una nueva idea pueden darle "un informe de la realidad"; y eso es importante, ya que en ocasiones, aun cuando usted haya completado con diligencia el proceso de crear un pensamiento, darle forma y ampliarlos con otros buenos pensadores, todavía es posible fallar en el blanco.

J. Jacobson comenta: "Una buena idea es como una carretilla: no irá a ningún lado a menos que la empujes". Aunque lo anterior es cierto, hay más en aterrizar una idea que en simplemente empujarla. El tiempo preciso también es importante. Al prepararse para presentar nuevas ideas a otras personas, tenga en mente que ellas estarán más dispuestas a adoptar el cambio cuando:

- Se encuentren lo suficientemente heridas como para estar dispuestas a cambiar.
- Hayan aprendido lo suficiente como para querer cambiar.
- Hayan recibido suficiente como para ser capaces de cambiar.

5. Encuentre un lugar dónde hacer volar sus pensamientos

El filósofo francés Henry-Louis Bergson, quien ganó el Premio Nobel de Literatura en 1927, afirmó que una persona debería:

"pensar como un hombre de acción y actuar como un hombre de pensamiento". ¿De qué sirve pensar si lo que se piensa no se aplica en la vida real? Pensar separado de las acciones no es productivo. Aprender cómo dominar el proceso de pensar bien lo llevará a pensar de forma productiva. Si usted puede desarrollar la disciplina del buen pensamiento y convertirla en un hábito de por vida, entonces usted será productivo toda su vida. Una vez que ha creado, formado, expandido y aterrizado sus pensamientos, entonces hacerlos volar puede ser fácil y divertido.

Le diré que he observado que quienes alcanzan grandes metas tienen una tendencia natural a lanzarse en cualquier proyecto y comenzar a trabajar; por lo general, son personas de acción que poseen mucha energía; pero, para obtener la clase de resultados que usted busca—hacer que sus pensamientos vuelen bien—, debe tomar buena parte de su tiempo para pensar en cualquier empresa.

A sus planes, dedíqueles la cantidad adecuada de tiempo para pensar y encontrará que el período de implementación disminuye y los resultados mejoran. Su tiempo para pensar es como la pista de un aeropuerto: de la misma manera en que los aviones más grandes necesitan pistas más largas para poder volar, las grandes ideas necesitan una larga pista de pensamiento para poder despegar. Cuando he logrado hacer volar mis pensamientos, he descubierto que ellos me han elevado a nuevas alturas.

Cómo llegar a ser un buen pensador

¿Usted desea dominar el proceso del buen pensamiento? Entonces le recomiendo lo siguiente:

1. Expóngase a buenas aportaciones

Los buenos pensadores siempre ceban la bomba de las ideas, siempre buscan cosas que hagan comenzar el proceso del pensamiento; sin embargo, lo que usted coloque en el interior, siempre tendrá influencia en el resultado. Como lo ilustra este poema llamado "El guarda de las llaves":

Tú eres el guarda de las llaves.
Eres el guardia de la puerta.
Esperando en fila para entrar por esa puerta
Está el AMOR, y también el ODIO.
En fila para entrar está la SUAVE PAZ
Y también la VIOLENTA GUERRA.
Debes escoger quién puede y quién
No puede pasar por esa puerta.
La INTOLERANCIA intenta escabullirse
Con las alas del MIEDO o del ORGULLO,
Se esconde tras los SUEÑOS de PERTENENCIA
E intenta escabullirse.
¡Oh! ¡Está alerta! Tú eres el guardia que decide
Quién se VA y quién PERMANECE.
Eres el guarda de las llaves de tu mente.
¿A quién dejarás hoy entrar? [13]

Le sugiero que lea libros, repase revistas de comercio, escuche cintas y pase tiempo con buenos pensadores. Cuando algo lo intrigue —ya sea la idea de alguien más o la semilla de una idea que usted mismo ha producido— manténgala frente a usted, escríbala y consérvela en algún sitio entre sus cosas, para pensar, con el fin de estimular su pensamiento.

En una ocasión, guardé una fotografía de una revista en mi escritorio, durante un año, para mantener mi atención en una meta y para estimular mi pensamiento acerca de cómo iba a lograrla. Pero mi lugar preferido para mantener las ideas que necesitan reflexión, es una carpeta tamaño media carta que mantengo conmigo; es mi compañera de pensamiento. Después de concebir una idea y escribir un borrador que la esboce, la coloco en la carpeta, del lado izquierdo (el lado derecho tiene páginas en blanco donde capturo ideas nuevas). Periódicamente miro el borrador, vuelvo a pensar en la idea que contiene y la reviso. En este momento, mi compañera de pensamiento tiene cinco proyectos, a los cuales me refiero continuamente, ¡uno de ellos ha estado ahí durante nueve meses! Todos se mantendrán ahí hasta que estén listos para despegar. Este proceso me permite cocinar a fuego lento mis pensamientos hasta que las ideas están listas.

2. *Expóngase a buenos pensadores*

Este es el consejo: Pase tiempo con las personas indicadas. Mientras trabajaba en este capítulo y repasaba mis ideas con otras personas (para ampliar mis pensamientos), me di cuenta de algo acerca de mí mismo. Todas las personas con las que convivo a quienes considero amigos cercanos o colegas, son pensadores. Amo a todas las personas, intento ser amable con cualquier persona que conozco y deseo añadir valor a tantas personas como me sea posible a través de conferencias, libros, clases grabadas en cintas, etc, pero todas las personas a quienes busco y con quienes elijo pasar mi tiempo, me retan con sus pensamientos y sus acciones; intentan crecer y aprender constantemente. Están incluidos, mi esposa Margaret, mis amigos cercanos y los ejecutivos que administran mis compañías. ¡Cada uno de ellos es un buen pensador!

Si usted quiere ser un pensador aguzado, rodéese de personas que lo sean.

El escritor de los Proverbios observó que las personas afilan a otras personas de la misma forma en que el hierro aguzsa al hierro. Si usted quiere ser un pensador aguzado, rodéese de personas que lo sean.

3. *Elija tener buenos pensamientos*

Para convertirse en un buen pensador, debe realizar de forma intencionada el proceso del pensamiento. Sitúese con regularidad en el lugar apropiado para pensar, formar, ampliar y aterrizar sus pensamientos. Haga de esto una prioridad. Recuerde: pensar es una disciplina.

Recientemente, desayuné con Dan Cathy, director de *Chick-fil-A*, una cadena de restaurantes de comida rápida cuya matriz se encuentra en el área cercana a Atlanta. Le dije que trabajaba en este libro y le pregunté si tener tiempo para pensar era una prioridad alta para él. No sólo respondió sí, sino que me compartió acerca de lo que él llama su "agenda de pensar", la cual lo ayuda a combatir el vertiginoso ritmo de la vida que disuade el pensamiento intencionado. Dan dice que aparta algo de tiempo sólo para pensar durante medio día cada dos semanas; para así, pensar dos días enteros al mes; a la vez que lo hace por dos o tres días completos cada año. Dan explica: "Esto me ayuda a hacer que 'lo principal siga siendo lo principal', ya que me distraigo con mucha facilidad".

Quizá a usted le gustaría hacer algo similar, o usted puede desarrollar una agenda y un método propio. Sin importar lo que elija llevar a cabo, vaya al lugar donde le guste pensar, tome bolígrafo y papel, y asegúrese de capturar sus ideas de forma escrita.

4. Actúe a partir de sus buenos pensamientos

Las ideas caducan pronto, usted debe actuar a partir de ellas antes de la fecha de caducidad. El as del vuelo de la primera guerra mundial, Eddie Rickenbacker, lo dijo todo cuando afirmó: "Puedo darles una fórmula de ocho palabras para el éxito: Piensa las ideas con detenimiento; luego, dales seguimiento".

Las ideas caducan pronto, usted debe actuar a partir de ellas antes de la fecha de caducidad.

5. Permita que sus emociones generen mejores pensamientos

Por ser pastor, he aconsejado a muchas personas. En ese proceso, descubrí que para algunas, el mayor reto para convertirse en un buen pensador es su agitación emocional. Las heridas del pasado o las preocupaciones actuales evitan que dediquen un tiempo productivo en pensar.

No puede usted depender de sus emociones para comenzar el proceso del pensamiento. En *El lado positivo del fracaso*, escribí que es mucho más fácil llegar a los sentimientos a través de las acciones de lo que es llegar a las acciones a través de los sentimientos. Si usted se espera hasta *sentir* ganas de hacer algo, lo más probable es que nunca logre hacerlo. Lo mismo ocurre con el pensamiento, usted no puede esperar hasta sentir ganas de pensar para hacerlo; sin embargo, me he dado cuenta de que una vez usted se inmersa en el proceso del buen pensamiento, puede usar sus emociones para alimentar ese proceso y crear un impulso mental.

Inténtelo usted mismo. Después de haber pasado a través del disciplinado proceso de pensar, y después de disfrutar de algo de éxito, permítase saborear el proceso del pensamiento e intente aprovechar la energía mental de ese éxito. Si usted es como yo, es posible que ese sea el incentivo para más pensamientos e ideas productivas.

6. *Repita el proceso*

Semanas atrás, almorcé con un viejo amigo llamado David Dean. Él y yo no nos vemos con mucha frecuencia, pues crecimos juntos siendo niños, asistimos a la misma universidad y compartimos muchas experiencias memorables. En la actualidad, él es un pastor muy exitoso en Ohio. Cuando nos juntamos para almorzar, hablamos sobre los viejos tiempos y nos pusimos al día acerca de nuestros amigos mutuos. Hace poco, rememoró una conversación que tuvimos en 1970, en una cena en el Holiday Inn de Wapokenetta, Ohio; yo no la recordaba, pero él sí.

—Recuerdo como si hubiera sido ayer —comentó Dave—. Dijiste que te harías un hábito pensar y leer todos los días.

En 1979, él y yo tendíamos apenas unos treinta años. Fue alrededor de ese tiempo cuando me di cuenta de que la clave para alcanzar el éxito era seguir creciendo y mejorando, lo cual ha sido parte de mi vida desde entonces. En ocasiones, mantenerme en un plan de desarrollo ha sido divertido; en otras, ha sido un trabajo duro y pesado; pero he perseverado, y creo que esa es una de las razones por las cuales he sido capaz de seguir escribiendo libros y dando conferencias durante más de veinte años.

—John —dijo mi amigo—, hay algo más que dijiste entonces, me dijiste que tu meta era llenar tu mente con tantas cosas buenas, que para el momento en que tuvieras cincuenta y cinco años, ellas sólo fluyeran mientras hablaras.

—¿Qué? —Pregunté algo confundido—. ¿Qué dije?

Dave me lo repitió. Me quedé atónito.

—Dave —dije—, no vas a creerlo, ayer cumplí cincuenta y cinco años.

Las lágrimas llenaron mis ojos. La voz de Dave se quebró mientras decía:

—John, en verdad ha funcionado. Con todas las conferencias y los libros que has hecho, en realidad sucedió.

Un buen pensamiento no hace una buena vida. El éxito llega a quienes tienen una montaña completa de oro, de la que extraen continuamente.

Las personas hacen muchas pequeñas decisiones en la vida. La mayoría del tiempo, estas se toman, se olvidan, y proseguimos. Esperamos que tengan un impacto, pero con frecuencia no examinamos cómo dan forma a nuestra vida. ¡Qué regalo tan maravilloso, recordar que una decisión para crecer y pensar tomada hace más de veinte años está haciendo una diferencia en mi vida actual!

Un buen pensamiento no hace una buena vida. Las personas que tienen sólo un buen pensamiento e intentan usarlo en toda su carrera, a menudo terminan infelices y en la miseria. Ellos viven de las maravillas de un solo éxito, son los autores de un solo libro, los oradores de un solo mensaje, los inventores de una ocasión.

Son quienes pasan sus vidas luchando para proteger o promover su única idea. El éxito llega a quienes tienen una montaña entera de oro, de la que extraen continuamente, no a quienes encuentran una pepita e intentan vivir de ella por cincuenta años. Para convertirse en alguien que pueda extraer mucho oro, usted necesita continuar repitiendo el proceso del buen pensamiento.

Las ideas siguen llegando

Alguien que continua extrayendo pepitas de ideas de oro, es mi amigo Dick Biggs. Dick es un editor de revistas, orador y escritor, quien me ha ayudado a realizar algo del pensamiento para este libro.

Poco tiempo atrás, le pedí que me contara acerca de uno de los mejores pensamientos que hubiera tenido. Sin dudarlo, mencionó la idea a la cual llama: "Arda intensamente sin quemarse". Esa idea se convirtió en un libro, un pequeño manual para las personas de éxito. Dick ha capacitado a muchas personas y ha dado conferencias de negocios durante veinte años. Ha hecho muchas cosas y es muy exitoso, pero después de escribir ese libro, ha recibido una cantidad abrumadora de peticiones para que hable de ese tema. Ahora, escribe un libro otros para el gremio, también basado en esa idea.

Todo comenzó como una pequeña idea, de esas que la mayoría de las personas olvidan, descartan o permiten que se esfume; pero Dick la ha hecho crecer para convertirse en algo que no solo ha impactado su propia vida, sino la de las muchas personas a quienes habla en conferencias y seminarios. Y él sigue extrayendo el oro. ¡Quién sabe cual será su siguiente gran idea!

No importa si usted nació siendo rico o pobre; no importa si tiene una educación de tercer grado o si tiene un doctorado; no importa si usted sufre de discapacidades múltiples o si es un retrato de la buena salud; sin importar sus circunstancias, usted puede aprender a ser un buen pensador. Todo lo que debe hacer es estar dispuesto a entrar en este proceso todos los días.

PREGUNTA DE REFLEXIÓN

*¿Estoy dispuesto a pagar el precio de cultivar
el hábito de concebir, nutrir y desarrollar
grandes pensamientos todos los días?*

Ponga en práctica el buen pensamiento

1. Si aún no tiene un buen lugar para pensar, necesita encontrar uno. ¿Dónde elegirá crear sus pensamientos?

_____

_____

_____

2. ¿Quiénes son los buenos pensadores que están cerca de usted? Escríbalo aquí:

_____

_____

_____

3. ¿Qué trabajo que usted haga en la actualidad podría beneficiarse de algo de su tiempo para pensar? Tal vez quiera referirse al asunto que identificó en el capítulo 1. De la forma más clara posible, escriba aquí el problema:

_____

_____

4. Dedique algo de tiempo a pensar en este asunto; después, reúna a los buenos pensadores con los que convive para que lo ayuden a ampliar sus pensamientos; y posteriormente, aterrícelos.

_____

_____

_____

5. ¿A qué buenas contribuciones se expone? ¿Tiene un plan para desarrollar? ¿A qué revistas, diarios o servicios de cintas está suscrito con el fin para desafiarse a sí mismo como pensador? Anótelos:

_____

_____

_____

Si usted aún no recibe contribuciones de estos medios, entonces comience de inmediato. Haga una lista de tres a cinco recursos que pueda comenzar a utilizar para mejorarse a usted mismo.

_____

_____

_____

SEGUNDA PARTE

ONCE TÉCNICAS
DE PENSAMIENTO
QUE TODA PERSONA
EXITOSA NECESITA

Técnica 1

Adquiera la sabiduría del pensamiento global

"En lo que se refiere al éxito, no se mide a las personas en gramos, centímetros, títulos universitarios o antecedentes familiares, se les mide por el tamaño de lo que piensan".
—David Schwartz

¿En qué pensaban?

"Fuera de los homicidios, Washington tiene uno de los índices de criminalidad más bajos del país".
—Marion Barry, *ex alcalde de Washington D.C.*

Si alguien le dijera que en el día más largo del año usted podría mirar en lo profundo de un pozo y ver el sol reflejado en el agua, ¿qué pensaría? ¿Lo consideraría un dato trivial, interesante, pero inservible? ¿Pensaría que quien notó ese reflejo necesita ocuparse en cosas más útiles? O estimularía ideas en usted que retarían su concepción del mundo?

El gran panorama global es una pelota

Un bibliotecario egipcio escuchó la información (que se podía ver brillar al sol en el fondo de un pozo en el pueblo de Syene) y

77

la consideró más que una trivialidad. Ese detalle acerca del pozo encendió su facultad de pensamiento global. Hizo la conjetura de que si el sol podía verse reflejado en el pozo, debería estar directamente sobre de él; y, si se encontraba directamente sobre de él, entonces las columnas o postes verticales no producirían sombras. Sin embargo, observó que en el día más largo del año, en la ciudad de Alejandría, donde él vivía, las columnas rectas sí proyectaban sombras.

Como buen científico y pensador, decidió viajar ochocientos kilómetros hasta Syene para verificar que lo que había escuchado era cierto. En el día más largo del año, miró al pozo, vio reflejado al sol y desde luego, al medio día, los postes no proyectaban sombras. Así que empezó a pensar. Y después de un tiempo, comenzó a ver una imagen mayor, panorámica, del significado de estos hechos aparentemente insignificantes. Para su sorpresa, lo que descubrió iba en contra de lo que casi todos creían en ese tiempo.

Este bibliotecario se llamaba Eratóstenes, y vivió hace más de dos mil doscientos años. Como jefe de la biblioteca más grande del mundo (se dice que la biblioteca de Alejandría en Egipto contenía cientos de miles de pergaminos), estaba en la capital intelectual del mundo. En el siglo tercero antes de Cristo, casi todos los eruditos de Alejandría y el resto del mundo creían que la tierra era plana, pero Eratóstenes razonó que si la tierra era plana y la luz del sol llegaba hacia abajo en una trayectoria recta, no habría sombras en ningún sitio; en cambio, si había sombras en un sitio y en otro no, solo podía haber una explicación lógica: la superficie de la tierra debía ser curva. En otras palabras, el mundo debía ser una esfera.

Horizontes amplios

El anterior, fue un avance mental impresionante, aunque en la actualidad parece perfectamente lógico; después de todo, hemos visto fotografías de nuestro planeta tomadas desde el espacio. Pero

Eratóstenes realizó esta conexión global al unir hechos cotidianos. Lo que es aún más impresionante, es que aquella observación lo llevó un paso más adelante, ¡a calcular el tamaño de la Tierra! Usando trigonometría básica, midió el ángulo de las sombras: aproximadamente 7.12 grados, alrededor de un cincuentavo de un círculo. Después, razonó que si la distancia entre Syene (Aswan en la actualidad) y Alejandría era de ochocientos kilómetros (usando nuestros estándares de medición), entonces la Tierra debía tener una circunferencia de cerca de cuarenta mil kilómetros (50 x 800); y no estaba muy lejos, la circunferencia real de la Tierra a través de los polos es de cuarenta mil ocho kilómetros. ¡Nada mal para un tipo que no tenía nada más que su cerebro y una mentalidad global para resolverlo todo!

En las acciones de Eratóstenes es posible ver la verdad de lo que siglos después afirmó un alemán, hombre de estado, de nombre Konrad Adenauer: "Todos vivimos bajo el mismo cielo, pero no todos tenemos el mismo horizonte". ¿Cuántos miles de personas vieron lo que Eratóstenes vio y nunca llegaron a la misma conclusión? ¿Cuántos miles de sus colegas *matemáticos* vieron las mismas sombras que él y no lograron ver la imagen global? Eratóstenes no era ni siquiera el matemático más talentoso de su tiempo, sus contemporáneos lo llamaban *beta* y *pentathlos*, lo cual era como llamarlo "segundón".[14] Pero eso no importó; aunque no era el más importante en ninguna disciplina, podía ver —y pensar— de forma global, y es por ello que su nombre se recuerda en la actualidad. Haciendo uso de esa habilidad, no sólo calculó la circunferencia de la Tierra, sino que también bosquejó con precisión el cauce del Nilo, produjo un calendario que incluía años bisiestos y estimó la distancia de la Tierra hasta el Sol y la Luna. Definitivamente, Eratóstenes no se quedó atrapado en los árboles sin darse cuenta del bosque, de hecho, ¡su perspectiva fue tan buena que no sólo vio el bosque, sino el río que fluía en él, el planeta que los contenía y partes del sistema solar al que este planeta pertenecía!

La programación de la mente
de los pensadores globales

Usted no tiene que ser científico o matemático para adoptar el pensamiento global o para obtener sus beneficios, pues esta técnica de pensamiento puede ayudar a cualquier persona en cualquier profesión. Cuando alguien como Jack Welch le dice a un empleado de General Electric que la relación duradera con el consumidor es más importante que la venta de un producto individual, le está recordando la imagen global. Cuando mi amigo Andy Stanley, pastor en jefe de la Iglesia de la Comunidad de North Point, pide a sus voluntarios que den su mejor servicio cada domingo, por el bien de quienes los visitan por primera vez con la esperanza de encontrar una iglesia con una cultura sobresaliente; lo que hace es darles una imagen global. Cuando una pareja de padres está harta de entrenar a sus hijos a ir al baño, de las bajas calificaciones o de los accidentes automovilísticos, y uno le recuerda al otro que la dificultad presente es solo una situación pasajera, entonces ambos se benefician de pensar conforme a una imagen global.

El promotor inmobiliario Donald Trump bromea diciendo: "Tendrás que pensar de todos modos, ¿por qué no pensar en grande?" Pensar de forma global trae plenitud y madurez al pensamiento de una persona, trae perspectiva. Es como hacer más grande el marco de una pintura, en el proceso de ampliar no solo lo que se puede ver, sino lo que se es capaz de hacer.

Si permanece junto a personas que piensan de manera global, se dará cuenta de que:

*"Tendrás que pensar de todos modos,
¿por qué no pensar en grande?".*
—Donald Trump

Aprenden continuamente

Quienes piensan de forma global nunca están satisfechos con lo que ya saben. Visitan lugares que no conocen, leen libros, conocen personas, aprenden nuevas técnicas, y por esa práctica continua, generalmente son capaces de conectar lo inconexo; tal como lo hizo Eratóstenes. Son personas que aprenden durante toda su vida.

Para mantenerme en una actitud de aprendizaje, todas las mañanas pienso en las oportunidades de aprendizaje que tendré ese día. Mientras repaso mi calendario y la lista de mis pendientes, para saber con quién me reuniré ese día, qué leeré, a qué reuniones asistiré, etcétera, razono dónde es más posible que aprenda algo. Después, hago una nota mental para buscar atentamente algo que en esa situación pueda hacerme mejorar. Si usted decide seguir aprendiendo, lo animo a que examine su día y busque oportunidades para aprender.

Escuchan de forma intencional

Una forma excelente de ampliar su experiencia es escuchar a alguien que sea un perito en lo que a usted le interesa. Yo busco tales oportunidades. Este año hablé ante cerca de 900 entrenadores y buscatalentos en el *Senior Bowl*, donde los jugadores de fútbol americano que están por graduarse participan en su último juego universitario. Junto con mi yerno, Steve Miller, tuve la oportunidad de cenar con los entrenadores en jefe de la NFL, Dave Wannstedt y Butch Davis. No es muy frecuente tener una oportunidad así, por lo cual les hice preguntas acerca del trabajo en equipo y pasé mucho tiempo escuchándolos.

Al caer de la tarde, mientras Steve y yo caminábamos hacia nuestro auto, él me dijo:

—John, apuesto a que les hiciste cien preguntas esta noche a esos entrenadores.

—Sí, pues si quiero aprender y crecer —respondí— debo saber qué preguntas hacer y cómo aplicar las respuestas a mi vida. Escuchar me ha enseñado mucho más que hablar.

Cuando usted se reúne con alguien, es bueno buscar qué puede aprender. Es una gran manera de aprender: asociarse con personas que pueden hacer cosas que usted no puede. Quienes piensan de forma global reconocen que hay muchas cosas que no saben, y hacen preguntas penetrantes para aumentar su entendimiento y su pensamiento. Si usted quiere convertirse en un mejor pensador global, entonces conviértase en alguien que sepa escuchar.

Ven de manera panorámica

El escritor Henry David Thoreau escribió: "No se ve mucho de un objeto, no porque no se ubique dentro del campo de nuestra visión, sino porque no se ubica dentro del campo de nuestro intelecto". Lo común es que los seres humanos veamos primero nuestro propio mundo. Por ejemplo, cuando las personas llegan a una conferencia de liderazgo organizada por mi compañía, INJOY, quieren saber dónde se estacionarán, si podrán tener un buen asiento (cómodo además), si el orador será ameno y si habrá un lapso de tiempo adecuado entre los recesos. Y yo, cuando llego para hablar en la misma conferencia, quiero saber si la iluminación es buena, si el equipo de sonido funciona de manera correcta, si la plataforma del orador está cerca de las personas, etc. Dependiendo de quién es, usted determina lo que ve y la forma en la cual piensa.

Las personas que piensan de forma global, tienen un panorama que les permite ver un mundo en el exterior diferente del suyo propio, y hacen un esfuerzo por salir de ellos mismos para ver los mundos de otras personas a través de los ojos de ellas. Es difícil ver una fotografía si se está dentro del marco. Para ver como ven los demás, primero debe entender cómo piensan. Definitivamente, convertirse en alguien que sepa escuchar es útil; de igual forma lo es, salir de sus objetivos personales e intentar tomar la perspectiva de otras personas.

Tienen una vida completa

El ensayista francés Michel Eyquem de Montaigne escribió: "El valor de la vida no se encuentra en la cantidad de días, sino en el uso que les damos; un hombre puede vivir mucho y a la vez muy poco". La verdad es que usted puede usar su vida de cualquier forma que lo desee, pero sólo puede usarla una vez. Convertirse en un pensador global puede ayudarlo a vivir con plenitud, a vivir una vida muy satisfactoria. Las personas que ven la el panorama global ampliar su experiencia porque expanden su mundo; y como resultado, logran más que quienes tienen mentes cerradas. Y también experimentan menos sorpresas no deseadas, porque es más probable que vean los muchos componentes implicados en una situación dada: problemas, personas, relaciones, tiempo y valores. Por eso, también son más tolerantes con los demás y con la manera en que piensan.

La verdad es que usted puede usar su vida de cualquier forma que lo desee, pero sólo puede usarla una vez.

Por qué debería aceptar la sabiduría del pensamiento global

De forma intuitiva, quizá reconozca que el pensamiento global es benéfico. Pocas personas quieren poseer mentes cerradas, nadie busca ser de ese modo. Pero, en caso de que no esté completamente convencido, considere varias razones específicas por las cuales usted debería hacer el esfuerzo de convertirse en un mejor pensador global:

1. El pensamiento global le permite ser un líder

Varios años atrás, en la gaceta *Leadership* (*liderazgo*), Lynn Anderson describió un incidente de la historia de los Estados Unidos que ilustra el pensamiento limitado. Hace más de tres siglos, los colonos arribaron a las costas del continente americano con mucha valentía y visión. En su primer año, un pequeño grupo de ellos estableció un pueblo, al año siguiente eligieron al consejo del pueblo, en su tercer año, ese consejo propuso construir un camino que se internara ocho kilómetros hacia el yermo, para expandirse hacia el occidente; pero al año siguiente, la gente criticó la propuesta como un desperdicio de los fondos públicos. Obviamente, no podían ver el panorama global. Como Anderson lo señaló, los colonos alguna vez pudieron ver más allá de los océanos, en ese momento, no podían ver ocho kilómetros hacia el yermo.

Usted puede encontrar muchos pensadores globales que no son líderes, pero encontrará pocos líderes que no piensen de forma global. Los líderes deben ser capaces de hacer muchas cosas importantes por su gente, como:

- *Tener la visión antes que su gente.* Esa es una de las razones por las cuales son capaces de dirigir. Los líderes no sólo ven la imagen global antes que los demás, sino que también logran ver más de ella, lo cual les permite:
- *Medir las situaciones considerando muchas variables.* Los líderes que ven el panorama global, disciernen tanto posibilidades como problemas. Como lo dice Max De Pree, la primera responsabilidad de un líder es definir la realidad. Hacerlo, permite al líder tener cimientos para construir la visión. Una vez que los líderes hacen esto, pueden...
- *Esbozar una imagen de hacia dónde se dirige el equipo.* Con mucha frecuencia, cuando las personas presentan la imagen global, esta parece ser brillante y carente de retos u obstáculos. Ese retrato falso solo lleva al desánimo cuando los seguidores comienzan la travesía. La meta de los líderes no debe ser únicamente conseguir que su gente se sienta bien, sino ayudarlos a ser buenos y a lograr el sueño. La visión, mostrada de forma precisa, permitirá que los líderes...

- *Mostrar cómo se conecta el futuro con el pasado para hacer de la travesía algo más significativo.* La mayoría de las personas quieren tocar su pasado antes de alcanzar su futuro. Cuando pueden hacerlo, avanzar parece natural y correcto. Cuando los líderes reconocen esta necesidad de conexión, y logran suplirla, pueden...
- *Aprovechar el momento en el cual el tiempo es correcto.* En el liderazgo, es cuando avanzar es tan importante como lo que hacemos. Como lo dijo Winston Churchill: "Llega un momento especial en la vida de todos, un momento para el cual nació esa persona (...) Cuando ella lo aprovecha (...) esta es su mayor hora.

Ya sea construir caminos, planear un viaje o avanzar en el liderazgo, el pensamiento global le permitirá disfrutar de un mayor éxito. Las personas que ven constantemente con una imagen global tienen la mejor posibilidad de alcanzar el éxito en cualquier empresa.

2. El pensamiento global lo mantiene enfocado en el blanco

Thomas Fuller, capellán de Carlos II de Inglaterra, comentó: "Quien está en todas partes no está en ninguna". Para que las metas se realicen, usted necesita estar concentrado; sin embargo, para lograr sus metas, usted también debe considerar el panorama global. Sólo será capaz de mantenerse enfocado en el blanco si coloca sus actividades diarias dentro del contexto de la

"Debes pensar en 'cosas grandes' mientras haces cosas pequeñas, para que las cosas pequeñas vayan en la dirección correcta".
—Alvin Toffler

perspectiva global. Como dice Alvin Toffler: "Debes pensar en 'cosas grandes' mientras haces cosas pequeñas, para que las cosas pequeñas vayan en la dirección correcta".

3. El pensamiento global le permite ver lo que otros ven

Una de las técnicas más valiosas que puede desarrollar en las relaciones humanas es la de ver las cosas desde la perspectiva de otra persona, es una de las claves para trabajar con los clientes, para satisfacer a los consumidores, para mantener un matrimonio, criar a los hijos, ayudar a los menos afortunados, etc. Todas las interacciones humanas mejoran cuando llegamos a tener la habilidad de colocarnos en los zapatos de otra persona.

¿Cómo se hace eso?, ¿cómo se logra salir de uno mismo y ver el mundo desde otra perspectiva? Cuando usted ve más allá de usted mismo, de sus propios intereses y de su propio mundo, ve la imagen global. Cuando usted trabaja para considerar un aspecto desde cada ángulo posible, para examinarlo a la luz de la historia de otra persona, para descubrir los intereses y las pre-ocupaciones de los demás e intenta hacer a un lado sus propias intenciones, es cuando comienza a ver lo que los otros ven, lo cual es algo muy poderoso.

4. El pensamiento global fomenta el trabajo en equipo

Si usted participa en cualquier clase de actividad en equipo, entonces sabe lo importante que es que los miembros tengan una visión integral de la meta y no sólo de su parte en ella. En el momento en que una persona no sabe cómo su trabajo encaja con el de sus compañeros, todo el equipo está en problemas. Mientras mejor sea la comprensión del panorama global que tengan los miembros, mayor será el potencial que tendrán para trabajar en equipo.

Una clara ilustración la manera en la cual las personas trabajan juntas durante el medio tiempo de un juego de campeonato de fútbol americano colegial. Si usted ha asistido a un juego como este, entonces, se le ha pedido (al igual que a todas las demás personas del estadio) que sostenga una tarjeta de color liso durante el espectáculo de medio tiempo. Por sí sola, esa tarjeta no parece ser nada, ni siquiera cien tarjetas juntas muestran mucho, pero para cualquiera que pueda ver el estadio entero, es obvio que todas las tarjetas juntas deletrean un mensaje. Cuando los miembros del equipo ven la imagen global, todos comprenden el mensaje.

5. El pensamiento global evita que nos estanquemos en lo banal

Si hablamos con sinceridad: algunos aspectos de la vida cotidiana son absolutamente necesarios pero muy poco interesantes. En contraste, quienes piensan de forma global no permiten que la rutina los agobie, ya que no pierden de vista la perspectiva de lo que es más importante; saben que quien olvida esto último es esclavo de lo inmediato.

Al iniciar cada día, me programo para pensar de forma global. Para lograrlo, veo mi agenda de ese día, lo cual me permite dar un vistazo al día entero. De mi horario, selecciono el "suceso principal", aquello que es más importante que yo desarrolle bien, ya que podría hacer o deshacer mi día.

Una vez que lo he seleccionado, pongo mi atención en ese suceso principal y me pregunto: *Cómo actuar para cambiarlo de ser un suceso principal a ser un buen suceso. ¿Qué debo saber, qué debo hacer, qué debo ver y qué debo eliminar?* Una vez que respondo estas preguntas, soy capaz de enfrentar mi día con una perspectiva global. Algunas cosas serán divertidas, otras no; pero, con una preparación preliminar, lo más importante se hará bien.

6. El pensamiento global ayuda a hacer un mapa del territorio inexplorado

¿Alguna vez ha escuchado la expresión: 'Cruzaremos el puente cuando lleguemos a él'? Sin duda esa frase fue acuñada por alguien que tenía problemas para pensar con una perspectiva global. Las personas que "cruzaron puentes" en sus mentes, mucho antes que nadie más, fueron quienes construyeron el mundo. La única manera de innovar o avanzar a territorios inexplorados es ver más allá de lo inmediato para ver el panorama global.

Por ejemplo, piense en Cristóbal Colón. Cuando él y su tripulación navegaron hacia el occidente en la Niña, la Pinta y la Santa María, viajaban bajo la bandera de la reina Isabel de España, la cual ostentaba el lema *Non Plus Ultra*, que significa "nada más allá". Cuando Colón regresó ante el monarca para informarle lo que encontró, la reina ordenó que quitaran el "Non", para que el lema dijera *Plus Ultra*. Este nuevo lema indicaba que Colón había explorado territorios desconocidos y ahora se presentaban nuevos horizontes y nuevas oportunidades ante quienes desearan tomarlas.

Cómo adquirir la sabiduría del pensamiento global

Si usted desea aprovechar nuevas oportunidades y abrir nuevos horizontes, entonces necesita añadir el pensamiento global a sus habilidades o destrezas. Para convertirse en un buen pensador con una mejor capacidad de ver la imagen global, tenga en mente las siguientes sugerencias:

1. No luche por la certeza

Las personas que piensan de forma global se sienten cómodas ante la ambigüedad. No intentan forzar cada observación o trozo de información dentro de espacios prefabricados en sus mentes. Piensan de forma amplia y pueden jugar con varios pensamientos aparentemente contradictorios a la vez.

El consultor de gestoría Patrick M. Lencioni expresó esta idea en *Las cinco tentaciones de un directivo*. Advirtió que los directores de compañías no deberían intentar buscar armonía sino, en cambio, deberían aceptar un conflicto como saludable y productivo; tampoco deben buscar certeza, deben intentar buscar claridad. Si usted quiere cultivar la habilidad de pensar de manera global, entonces debe acostumbrarse a aceptar y lidiar con ideas complejas y diversas. Fórmese el hábito de reunir conceptos diversos, aceptando al mismo tiempo puntos de vista aparentemente opuestos, y buscando eso que los autores James C. Collins y Jerry I. Porras llaman: "El genio de la 'Y'".[15] En los negocios, por ejemplo: busque propósito Y ganancia, adopte una ideología central fija Y un cambio e innovación vigorosos, tenga una gran visión Y ejecute bien los detalles.

2. Aprenda de cada experiencia

Quienes piensan de forma global amplían sus perspectivas al esforzarse por aprender de cada experiencia. No se apoyan en sus éxitos, aprenden de ellos. Y, lo que es más importante, aprenden de sus fallas. Pueden hacerlo porque se mantienen en una actitud receptiva al aprendizaje.

En *El lado positivo del fracaso*, la actitud de aprendizaje se describe de este modo:

> Querer aprender es una actitud, una mentalidad que dice: "No importa cuánto sepa (o crea que sepa), puedo aprender de esta situación". Esa clase de pensamiento puede ayudarlo a tomar ventaja de la adversidad, puede hacerlo un ganador aún en las circunstancias más difíciles.[16]

Las experiencias diversas (tanto buenas como malas) lo ayudan a ver la imagen global. Mientras mayor sea la diversidad de experiencias y éxitos que tenga, mayor será el potencial de aprendizaje que obtendrá. Si usted desea pensar de forma global, salga e intente muchas cosas, tome muchos riesgos y tómese el tiempo para aprender de cada victoria o derrota.

3. Obtenga conocimiento de una variedad de personas

Las personas que ejercen el pensamiento global aprenden de sus experiencias, pero también de las experiencias que no han vivido. Es decir, aprenden al recibir conocimientos de otras personas (clientes, empleados, colegas y líderes). Mi amigo Kevin

Myers, de cuarenta años, se reúne con un grupo de hombres jóvenes para instruirlos, aconsejarlos, responder sus preguntas y compartir sus experiencias. Cada mes, más o menos, Kevin también se reúne conmigo para almorzar, armado de preguntas que desea hacerme. ¿Lo hace porque soy más inteligente o talentoso que él? No, simplemente porque tengo quince años de experiencia más

Las personas que ejercen el pensamiento global aprenden de sus experiencias, pero también de las experiencias que no han vivido.

que él y se beneficia de las lecciones que he aprendido. Y, como usted ya sabe, yo también busco el consejo de personas con experiencias diversas (vea el capítulo 3).

Si usted desea ampliar su pensamiento y ver más de la imagen global, entonces busque consejeros que lo ayuden. Pero sea sabio con respecto a *quién* le pide usted consejo. Una de mis tiras cómicas favoritas, de *Peanuts* (*Charly Brown y sus amigos*), muestra lo importante que es esto. En la historieta, Charlie Brown tiene sus manos alzadas y le dice a Lucy: "¡Estas son las manos que algún día podrían lograr grandes cosas; estas son las manos que algún día podrían hacer obras maravillosas! ¡Podrían construir poderosos puentes o sanar al enfermo o batear carreras o escribir novelas conmovedoras! ¡Estas son las manos que algún día podrían cambiar el curso del destino!" Lucy las ve y solamente dice: "Tienen mermelada encima".

No se confunda: obtener conocimiento de una variedad de personas no significa detener a cualquiera en los pasillos o filas de una tienda de víveres y preguntarle lo que piensa de un tema dado. Sea selectivo, hable con personas que lo conozcan y que se preocupen por usted, que conozcan el campo en el cual se desenvuelven, y que le compartan de una experiencia más profunda y amplia que la que usted tiene (saber a quién debe seleccionar para recibir consejo se discutirá con detalles en la sección que trata del pensamiento compartido).

4. Permítase ampliar su mundo

Si usted desea aplicar la técnica del pensamiento global, deberá ir contra la corriente del mundo. La sociedad quiere mantener encasilladas a las personas. La mayoría, está casada mentalmente con el *statu quo*; quiere lo que fue y no lo que puede ser; busca seguridad y respuestas sencillas. Para pensar de forma panorámica, usted necesita ir en una dirección distinta, innovar, encontrar nuevos mundos que conquistar. Y cuando su mundo se haya expandido, necesitará celebrar. Nunca olvide que hay más allá afuera, en el mundo, de lo que ha experimentado.

Me desenvolví en un hogar donde todo era posible, y donde alabábamos el pensamiento global, así que me impresioné cuando tuve mi primera gran experiencia con mentes cerradas de manera inalterable. Esta experiencia ocurrió un domingo, en agosto de 1969. Tan solo algunas semanas después de haberme graduado de la universidad y haberme casado, tuve mi primer empleo como pastor en un pequeño pueblo de la zona rural de Indiana, y llamarle pueblo es generoso, pues consistía de catorce casas, una gasolinera y una tienda.

Yo soy un admirador del progreso y creo mucho en el potencial humano, así que me sentí muy emocionado el domingo aquel cuando la NASA estaba a punto de colocar a un hombre en la luna por primera vez en la historia. Pero algo interesante ocurrió es día. Mientras hablaba con las personas de mi iglesia acerca de este gran logro. Pude notar que no podía vincularme con ellos, mientras más se quedaban sentados e inmóviles, yo más energizado y animado me ponía. Pero, sin importar cuánto lo intentara, simplemente no respondían.

Después del servicio, mientras saludaba y charlaba con las personas, me di cuenta de algo impactante: ¡no creían que un hombre estaba a punto de caminar en la luna! Un hombre me dijo: "Si Dios hubiese querido a un hombre en la luna, lo habría puesto ahí". Me quedé perplejo. Era la primera vez que me encontraba con un pensamiento tan limitado.

El dramaturgo Víctor Hugo hizo la siguiente observación: "Un hombre pequeño está hecho de pensamientos pequeños". Me di cuenta de que muchos de los residentes del pueblo tenían una visión muy corta del mundo; no habían cambiado su cerrada mente en años, y no deseaban ampliarla.

¡Qué importante es seguir siempre con el aprendizaje, crecer intelectualmente y mantenerse con la vista puesta en una panorámica global! Eso es lo que necesita hacer si usted desea ser un buen pensador.

PREGUNTA DE REFLEXIÓN

¿Pienso más allá de mí y de mi mundo para procesar ideas con una perspectiva integral?

Ponga en práctica el pensamiento global

1. En una escala del 1 al 10, siendo el 1 el más cerrado y 10 el más amplio, ¿cuál es la calificación que se da como pensador global? ¿Ve la imagen global o es más común que se enfoque en un solo aspecto?

_____

_____

Si obtuvo un número menor a 8, propóngase ampliar su mundo y, después, trabaje con tenacidad para convertirse en un mejor pensador global.

2. Elija un problema del pasado o un proyecto actual que le gustaría mejorar a través del pensamiento global; después, use los siguientes ejercicios para ampliar su forma de pensar:

   a. *Opuestas:* ¿Cuál es la solución obvia para obtener éxito en este proyecto? Escríbala aquí:

_____

_____

_____

¿Cuál es una solución alternativa, algo que podría resolver el problema, pero que parece contradecir a la primera idea? Escríbala aquí:

_____

_____

¿Cómo puede hacer que estas ideas aparentemente contradictorias trabajen juntas?

_____

_____

b. *Conocimiento de los demás:* Lleve ese mismo problema, asunto o proyecto ante cinco personas que puedan darle consejos al respecto. Asegúrese de elegir a buenas personas, haciendo uso de los criterios que se brindaron en este capítulo: deben conocerlo y preocuparse por usted, conocer el campo en el cual se desenvuelven y deben darle una experiencia más profunda y amplia que la que usted tenga. Antes de reunirse con cada uno de ellos, planee un tiempo suficiente para formular las preguntas que quiera hacerles. Ese proceso le ayudará a aclarar la información y les mostrará a sus amigos lo mucho que respeta el tiempo de ellos.

3. Decida aprender de las experiencias de otros como una parte constante de su rutina diaria. Aparte algunos minutos al final de cada día (o de la mañana siguiente) para repasar lo que aprendió en el día. Capture por escrito los pensamientos que surgieron y archívelos, para poder retomarlos y usarlos en el futuro.

Técnica 2

Libere el potencial del pensamiento concentrado

"Él hacía todo como si no supiera hacer otra cosa".
—Dicho del novelista Charles Dickens

¿En qué pensaban?

"Un optimista mira un vaso y dice que está medio lleno. Un pesimista mira un vaso y dice que está medio vacío. Un ingeniero mira un vaso y dice que es dos veces más grande de lo que necesita ser".
—Anónimo

La mayoría de las personas pasan mucho tiempo de su infancia coloreando y dibujando con lápices de cera. Una fuente afirma que los niños en los Estados Unidos gastan setecientos treinta lápices de cera cuando llegan a la edad de diez años.[17] ¡Esa es mucha energía creativa!

Lo invito a que piense en su infancia. ¿Puede recordar la clase de lápices de ceras que usaba? Si usted concentra su atención lo suficiente, quizá sea capaz de imaginar su *olor*. Un estudio de la Universidad de Yale encontró que el olor de los lápices de cera se encuentra entre los aromas que más reconocen los adultos de los Estados Unidos.[18] Quizá usted también pueda recordar los lápices de cera y hasta la forma y el color de la caja (una caja amarilla con letras verdes), ¿y cuál es la marca escrita en esa caja? Probablemente sea: "Crayola".

Colorean mi mundo

A menos que haya nacido bajo una roca, usted está familiarizado con el nombre Crayola, la cual es la marca de lápices de cera más popular y reconocida en todo el mundo. Cada año, Binney & Smith, la compañía que hace los productos Crayola, fabrica cerca de tres mil millones de lápices de cera, a un ritmo de doce millones de piezas diarias, ¡suficientes lápices de cera para dar la vuelta al mundo seis veces![19]

Joseph Binney fundó la compañía en 1864 bajo el nombre de Peekskill Chemical Works. En 1885, el hijo del fundador, Edwin, y su primo C. Harold Smith, se volvieron socios y cambiaron el nombre de la compañía a Binney & Smith. Hasta finales de ese siglo, la compañía se centraba en producir artículos tales como los pigmentos rojos para pintura de graneros, y el negro carbón usado para dar coloración negro humo en los neumáticos de los automóviles. ¿Cuál era su método principal para desarrollar productos? Sencillamente preguntaban a los consumidores cuáles eran sus necesidades, y después desarrollaban productos que las satisficieran.

En 1900, la compañía comenzó a fabricar lápices de pizarra para el mercado educativo y encontró que a los maestros les gustaba lo que deseaban a los representantes de la compañía. Cuando los maestros se quejaron de la tiza corriente, Binney & Smith produjo una variedad superior que no producía polvo; cuando se quejaron de que no podían comprar un lápiz de cera norteamericano decente (los mejores eran importados de Europa y eran muy costosos), desarrollaron: Crayola. La compañía introdujo el producto al mercado en 1903. Era una caja de ocho colores que costaba cinco centavos.[20]

Una vez que la compañía encontró su sitio en el mercado infantil, se centró increíblemente en esa meta. Durante cien años, ha fabricado suministros de arte de calidad superior para niños. En la actualidad, domina ese mercado aun frente a la revolución electrónica. En *The Five Faces of Genius* (*Los cinco rostros de la genialidad*), Annette Moser-Wellman valoró a esta compañía, al decir:

> La mayor amenaza para el negocio de Crayola ha sido la entrada de juegos de computadora para niños. En vez de dibujar y colorear, los niños se sienten atraídos por discos compactos interactivos y más. En vez de intentar dominar en los juegos de computadora, Crayola ha elegido florecer dentro de sus limitaciones; hacen productos artísticos para niños mejor que nadie.[21]

Binney & Smith pudo haber perdido la concentración en un intento por perseguir nuevos mercados y diversificarse; eso es lo que hizo el fabricante de juguetes Coleco. La compañía comenzó con artículos de cuero y en 1950 cambió a los plásticos; a fines de la década de 1960, era el fabricante más grande del mundo de piscinas inflables. Había encontrado su sitio. Sin embargo, en las décadas de 1970 y 1980, salió tras el mercado de los juegos de computadora, y después del las computadoras de gama baja (quizá recuerde ColecoVision). Luego intentó capitalizar las muñecas *Cabbage Patch*, lo cual llevó a la compañía a su fin; a la bancarrota.[22]

Para Binney & Smith habría sido fácil perseguir otros éxitos, pero no lo hizo; la compañía se ha mantenido centrada y, mientras lo haga, continuará sobresaliendo y vendiendo más lápices de cera y suministros de arte para niños que cualquier otra compañía del mundo.

Por qué usted debe liberar el potencial del pensamiento concentrado

La concentración es tan importante para un individuo que desarrolla ideas como para una compañía que desarrolla productos. Concentrar el pensamiento puede hacer varias cosas por usted:

1. El pensamiento concentrado canaliza energía hacia una meta deseada

En su libro *Enfoque: el único futuro de su empresa*, el consultor de mercadeo Al Ries da una estupenda ilustración:

> El sol es una fuente poderosa de energía, el cual baña a la Tierra cada hora con miles de millones de kilovatios de energía; sin embargo, con un sombrero y algo de bloqueador solar, se puede tomar un baño de sol durante horas con pocos efectos dañinos.
>
> Un láser es una fuente débil de energía, el cual requiere de unos cuantos vatios, y los concentra en un flujo coherente de luz; pero con un láser se puede perforar un diamante o eliminar una célula de cáncer.[23]

La concentración puede proporcionar energía y poder a casi cualquier cosa, ya sea física o mental. Si usted está aprendiendo a lanzar en el béisbol y busca enviar una buena bola curva, el pensamiento concentrado mejorará su técnica durante la práctica. Si usted necesita refinar el proceso de fabricación de su producto, concentrar su pensamiento lo ayudará a desarrollar un mejor método. Si quiere resolver un problema difícil de matemáticas, pensar de forma concentrada lo ayudará a lograr resolverlo. Por eso el filósofo Bertrand Russell afirmó: "Ser capaz de concentrarse por un tiempo considerable es vital para alcanzar logros difíciles". Mientras más grande sea la dificultad que presente un problema o asunto, mayor será el tiempo de concentración que se requerirá para resolverlo.

"Ser capaz de concentrarse por un tiempo considerable es vital para alcanzar logros difíciles".
—Bertrand Russell

2. El pensamiento concentrado da tiempo para que se desarrollen las ideas

Me encanta descubrir y desarrollar ideas. Con frecuencia reúno a mi equipo creativo para realizar una lluvia de ideas y sesiones de reflexión creativa. Al principio de nuestra reunión, intentamos pensar de forma exhaustiva para generar el mayor número posible de ideas. Por lo general, la concepción de una solución en potencia es resultado de compartir muchas buenas ideas.

Pero, para llevar las ideas al siguiente nivel, usted debe cambiar su forma de pensar; de ser expansiva a ser selectiva. He descubierto que una buena idea puede convertirse en una gran idea cuando dedica un tiempo para concentrarse en ella. Es cierto que concentrar la atención por mucho tiempo en una sola idea puede ser frustrante. Muchas veces he pasado varios días concentrado en un pensamiento, intentando desarrollarlo, sólo para darme cuenta que no puedo mejorar la idea; pero, en ocasiones, el haber perseverado en el pensamiento concentrado rindió sus frutos, lo cual me llenó de gozo. Cuando el pensamiento concentrado se encuentra a su máximo, ¡no sólo hace crecer la idea, sino a mí también!

Una buena idea puede convertirse en una gran idea cuando se dedica un tiempo para concentrarse en ella.

3. El pensamiento concentrado trae claridad al objetivo

El sociólogo Robert Lynd hizo esta observación: "El conocimiento es poder solo si un hombre sabe con cuáles hechos no debe molestarse". El pensamiento concentrado elimina las distracciones y desorden mental, para que usted pueda colocar su atención en un asunto y pensar con claridad, lo cual es crucial, pues si usted no sabe cuál es el blanco, ¿cómo podrá dar en él?

El golf es una de mis aficiones favoritas. Es un juego maravillosamente desafiante. Me gusta porque los objetivos son muy claros. El profesor William Mobley, de la Universidad de Carolina del Sur, hizo la siguiente observación acerca del golf:

Uno de los aspectos más importantes del golf es la presencia de metas claras. Ves los banderines, conoces el par [nota del traductor: en golf, *par* es la puntuación estándar para cada hoyo del campo], el cual no es ni muy fácil ni imposible; conoces tu puntuación promedio y hay metas competitivas —competir contra el par, contra ti mismo y contra los demás—. Estas metas dan algo a lo cual aspirar. En el trabajo, como en el golf, las metas motivan.

En una ocasión, yo estaba en el campo de golf, y me correspondía el turno detrás de un jugador que olvidaba colocar el banderín en el hoyo después de pasar por él. Como yo no podía ver el blanco, no podía concentrarme de forma adecuada; y mi falta de concentración pronto se volvió frustración y después en un mal juego. Para ser un buen golfista, una persona necesita concentrarse en un objetivo claro; lo mismo ocurre con el pensamiento, la concentración ayuda a conocer la meta y a alcanzarla.

4. El pensamiento concentrado lo llevará al siguiente nivel
Nadie alcanza la grandeza si es un generalista. Nadie pule una técnica diluyendo la atención que debe darle a su desarrollo. La única manera de llegar al siguiente nivel es a través de la

"La mente inmadura salta de una idea a otra; la mente madura busca la continuidad".
—Harry A. Overstreet

concentración. Sin importar si su meta es aumentar su nivel de juego, afinar su plan de negocios, mejorar sus ganancias, hacer que sus subordinados se desarrollen o resolver problemas personales, usted necesita concentración. El escritor Harry A. Overstreet hizo la siguiente observación: "La mente inmadura salta de una idea a otra; la mente madura busca la continuidad".

En *The Road Less Traveled* (*El camino menos transitado*), M. Scott Peck incluye una historia reveladora sobre sí mismo y su ineptitud para reparar objetos. En cualquier ocasión que intentaba realizar reparaciones menores o armar algo, el resultado siempre era confusión, falla y frustración. Entonces, un día, mientras caminaba, vio a un vecino reparando una podadora de césped. Peck le dijo:

—Hombre, en verdad lo admiro, nunca he podido reparar esa clase de objetos ni de hacer nada así.

—Es porque no se toma el tiempo para hacerlo —respondió el vecino.

Lo que el vecino le había dicho lo llevó a reflexionar en, y Peck decidió probar si eso era verdad. La siguiente ocasión en que enfrentó un desafío mecánico, con calma y concentró su atención en el problema. Para su sorpresa, a la edad de treinta y siete años, tuvo éxito.

Al alcanzar este logro, supo que no estaba "maldito, ni tenía un defecto genético, ni tenía otra clase de discapacidad o impotencia". Estaba seguro de que si quería llegar al siguiente nivel en ese aspecto de su vida, podía hacerlo; siempre y cuando estuviera dispuesto a concentrarse en ello. Ahora, conscientemente elige desechar lo que no es importante para él y concentrarse en su profesión: la psiquiatría.[24]

¿Dónde debe concentrar sus pensamientos?

El que Peck se haya dado cuenta de su capacidad para lograr algo que por mucho tiempo pensó que era imposible, resalta un punto importante: ¿Dónde debe usted concentrar su atención?

¿Cualquier asunto en su vida merece un tiempo de pensamiento dedicado y concentrado? Desde luego, la respuesta es no.

Usted debe ser selectivo, no exhaustivo en su pensamiento concentrado. Para mí, esa selección significa dedicar un tiempo para pensar profundamente en cuatro direcciones: liderazgo, creatividad, comunicación y en una red de contactos profesionales establecidos intencionalmente. Sus elecciones podrían ser distintas a las mías. Las siguientes son algunas sugerencias para ayudarlo a descubrirlas como es que usted debe elegir:

Identifique sus prioridades

Primero, considere sus prioridades (usted mismo, su familia y su equipo de trabajo). El autor, consultor y pensador galardonado Edward DeBono, bromeaba diciendo: "Uno llega a una conclusión cuando se cansa de pensar". Por desgracia, la mayoría de las personas establecen sus prioridades basados ese punto donde se termina su energía. En definitiva, usted no debe hacer lo mismo, ni tampoco dejar que otras personas establezcan sus objetivos.

"Una conclusión es el lugar donde te cansas de pensar".
—Edward DeBono

Las prioridades se pueden determinar de diversas maneras. Si usted se conoce bien, comience concentrando su atención en sus puntos fuertes, sus fortalezas, aquello donde usted utiliza al máximo sus habilidades, destrezas y talentos que Dios le dio; también puede entrar su atención en lo que le proporciona el mayor rendimiento y provecho. Haga lo que mejor sepa hacer y lo que más disfrute. Podría usar la regla del ochenta/veinte: dé ochenta por ciento de su esfuerzo al veinte por ciento de sus actividades más importantes. Otra forma, es concentrar su atención en oportunidades excepcionales que prometan un gran rendimiento, lo cual se resume en esto: déle la prioridad a lo que dé fruto.

Descubra sus dones

No todas las personas se conocen a si mismas ni hacen buen uso de sus propias habilidades, dones y talentos; se parecen un poco a Charlie Brown, el personaje de las tiras cómicas. Un día, después de hacer tres *strikes* en un juego de béisbol, él dice:

—¡Rayos! Nunca jugaré en las grandes ligas, ¡simplemente no puedo! Toda mi vida he soñado con jugar en las grandes ligas, pero nunca lo lograré.

A lo que Lucy responde:

—Estás pensando demasiado hacia el futuro Charlie Brown, lo que necesitas es establecer metas más inmediatas.

Por un momento, Charlie Brown ve un rayo de esperanza.

—¿Metas inmediatas? —dice.

—Sí —responde Lucy—. Comienza con la siguiente entrada; cuando salgas a lanzar ¡ve si puedes caminar al montículo sin caerte!

A lo largo de los años, he conocido a muchos individuos que crecieron en un hogar lleno de Lucys, recibieron poco ánimo o afirmación y por ello, han perdido la dirección. Si usted tuvo un pasado similar, necesita trabajar aún más para encontrar sus dones. Haga una prueba de perfil de personalidad como la DISC o la Myers-Briggs, entreviste amigos y familiares positivos que puedan decirle lo que piensan acerca de los puntos fuertes de usted. Tome tiempo para reflexionar en éxitos pasados; si usted va a concentrar su pensamiento en sus áreas fuertes, necesitará saber cuáles son.

Desarrolle su sueño

Un bromista dijo: "Demasiadas mentes son como el plancton; una pequeña planta marina que va a donde la corriente la lleve". Si usted desea alcanzar grandes logros, necesita tener un gran sueño. James Allen comentó: "Serás tan pequeño como el deseo que te controle y tan grande como la aspiración que te domine". Si usted no está seguro de su sueño, dedique un tiempo para concentrarse en pensar en él y descubrirlo. Si su pensamiento ha regresado a un área en particular en repetidas ocasiones, podría ser capaz de descubrir su sueño en ella, déle un mayor tiempo de pensamiento concentrado y vea lo que ocurre. Una vez que encuentre su sueño, prosiga sin pensarlo dos veces, tome el consejo de Satchel Paige: "No mire hacia atrás; algo podría estarle ganando terreno".

"Serás tan pequeño como el deseo que te controle y tan grande como la aspiración que te domine".
—James Allen

Mientras más joven sea, es más probable que coloque su atención en muchas cosas, lo cual es bueno, pues en la juventud aún se está conociendo a sí mismo, a sus puntos fuertes y débiles. Si usted concentra su atención en una sola cosa y sus aspiraciones cambian, entonces ha desperdiciado su mejor energía mental. Al crecer y obtener más experiencia, la necesidad de concentración se vuelve más importante; mientras más lejos y más alto vaya, más concentrado podrá y deberá estar.

¿Cómo mantener la concentración?

Una vez que conozca aquello en lo que le corresponde pensar, debe decidir cómo concentrarse mejor en ello; las siguientes son cinco sugerencias que lo ayudarán en el proceso:

1. *Retire las distracciones*
En un artículo llamado *"Good to Great"* (*De lo bueno a lo grande*), el escritor Jim Collins comentó: "Resulta que el

verdadero camino hacia la grandeza requiere de simplicidad y diligencia, de claridad y no de iluminación instantánea, exige que cada uno de nosotros se concentre en lo que es más importante y elimine todas las distracciones externas".[25] Eliminar las distracciones no es algo sencillo en nuestra cultura actual, pero es vital; pues, como lo dice el escritor y defensor de la actitud mental positiva W. Clement Stone, es posible "mantener a la mente alejada de lo indeseable al mantenerla en lo deseable".

[Es posible] mantener la mente alejada de lo indeseable al mantenerla en lo deseable.

¿Cómo se logra hacerlo? Primero, se debe mantener la disciplina de practicar las prioridades; es decir, no haga primero lo fácil ni lo difícil ni lo urgente, sino primero lo primero: las actividades que le otorgan el mayor beneficio, de ese modo, mantiene las distracciones al mínimo.

Segundo, aíslese de las distracciones. Me he dado cuenta de que necesito bloques de tiempo para pensar sin interrupciones. He dominado el arte de no estar disponible cuando ello es necesario e ir a mi "lugar para pensar", para así, poder trabajar sin interrupciones. Sin embargo, a causa de mis responsabilidades como fundador de tres compañías, siempre estoy consciente de la tensión que existe entre mi necesidad de permanecer accesible a los demás como líder y mi necesidad de apartarme de ellos para pensar.

Donde sea que se encuentre ...¡esté ahí!

La mejor manera de resolver la tensión, es entender el valor de ambas actividades. Caminar lentamente entre la multitud me permite vincularme con las personas y conocer sus necesidades; apartarme de la multitud me permite pensar en la forma de añadirles valor.

Mi consejo para usted es que coloque valor y le dé atención a ambos. Si su tendencia natural es a retirarse, asegúrese de pasar más tiempo entre las personas; si usted siempre se encuentra ocupado y rara vez se retira a pensar, entonces apártese periódicamente para liberar el potencial del pensamiento concentrado, y, donde sea que se encuentre... ¡esté ahí!

2. Dedique tiempo al pensamiento concentrado

Una vez que tenga un lugar para pensar, necesitará el *tiempo* para pensar. A causa del ritmo tan acelerado de nuestra cultura, las personas tienden a realizar muchas labores a la vez, lo cual no siempre es una buena idea, pues cambiar de una tarea a otra puede costar más de cuarenta por ciento de la eficiencia. De acuerdo con los investigadores: "Si usted intenta lograr mucho al mismo tiempo, conseguirá un mayor progreso al concentrarse en una tarea a la vez y *no* al cambiar constantemente de una a otra".[26]

Ya han pasado muchos años desde que me di cuenta de que mi mejor tiempo para pensar es en las mañanas. Cuando es posible, reservo las mañanas para pensar y escribir. Una manera de obtener tiempo para el pensamiento concentrado es imponerse una regla que una compañía implementó: no se permita revisar su correo electrónico hasta después de las 10:00 a.m.; en cambio, concentre sus energías hacia su prioridad número uno. Con el fin

"La concentración es el secreto de la fuerza en la política, en la guerra y en el comercio; y, en pocas palabras, es el secreto para dirigir cualquier cuestión humana".
—Ralph Waldo Emerson

de obtener tiempo para pensar, coloque en espera las actividades no productivas que desperdician el tiempo.

3. Mantenga frente a usted los puntos que requieran concentración

Ralph Waldo Emerson, el gran pensador trascendental creía: "La concentración es el secreto de la fuerza en la política, en la guerra y en el comercio; y, en pocas palabras, es el secreto para dirigir cualquier cuestión humana". Para ayudarme a concentrar en lo que es importante, trabajo para mantener ante mí los puntos importantes. Una manera de hacerlo, es pedir a mi asistente, Linda Eggers, que mantenga frente a mí las prioridades más altas. Si un punto necesita atención o requiere que se tome una decisión respecto a él, le pido que lo mencione continuamente, que me pregunte al respecto, que me dé información adicional al mismo.

También conservo cerca esos puntos de otras maneras. Si trabajo en una presentación o en el resumen de un libro, conservo un archivo o una página en mi escritorio para verlo todos los días mientras trabajo. Esa estrategia me ha ayudado exitosamente durante treinta años para estimular y afinar ideas. Si nunca lo ha hecho, le recomiendo que lo intente (le diré más al respecto en la sección que trata del pensamiento reflexivo).

4. Establezca metas

De niño no tenía metas, lo único que quería era divertirme y jugar a la pelota; no fue sino hasta la universidad que me volví más centrado. En ese período también establecí mis primeras metas. Fue bueno que tuviera más propósitos con respecto a mi vida; pero cuando miro hacia atrás y veo esas metas, me río, ¡las metas, las cuales deseaba para mi vida eran muy pequeñas! Si hubiera trabajado únicamente hasta alcanzar esas metas, no habría llegado lejos en la vida.

Las metas son importantes, tal es mi creencia; la mente no se centra hasta tener objetivos claros, pero el propósito de las metas es concentrar la atención y dar dirección, no identificar el destino final. A medida que piense en sus metas, note que deben ser:

"Si no puede escribir su idea en el reverso de mi tarjeta de representación, es porque no tiene una idea clara".
—David Belasco

- Lo suficientemente claras como para mantener nuestra atención concentrada en ellas.
- Lo suficientemente cercanas como para alcanzarlas.
- Lo suficientemente útiles como para cambiar vidas.

Esos parámetros lo ayudarán a comenzar. Y asegúrese de escribir sus metas, pues si no están escritas, casi puedo garantizarle que no están lo suficientemente centradas. Si usted *en verdad* quiere asegurarse de que estén centradas, tome el consejo de David Belasco, quien dice: "Si no puede escribir su idea en el reverso de mi tarjeta de representación es porque, no tiene una idea clara".

Aun si usted mira hacia atrás en el pasado, y piensa que sus metas eran demasiado pequeñas, habrán servido para su propósito si le brindaron una dirección.

5. Cuestione su progreso

De cuando en cuando, mírese a usted mismo con detenimiento para ver si en verdad ha logrado progresos. Esa es la manera más acertada de saber si está haciendo el mejor uso del pensamiento concentrado. Pregúntese: "¿Veo alguna ganancia en invertir tiempo en el pensamiento concentrado? ¿Lo que estoy haciendo me acerca más a mis metas? ¿Voy en una dirección que me ayude a cumplir mis compromisos, a mantener mis prioridades y a realizar mis sueños?"

¿Qué está dejando para ascender?

Nadie puede pasar al siguiente nivel siendo un generalista. Mi padre solía decir: "Encuentra aquello que haces bien y no hagas nada más". Me he dado cuenta de que para hacer bien algunas cosas, he tenido que dejar muchas otras. Mientras trabajaba en este capítulo, pasé algún tiempo reflexionando en la clase de cosas que he dejado, estas son las principales:

> **Para hacer bien algunas cosas,
> deje muchas otras.**

No puedo conocer a todos

Yo amo a las personas y soy extrovertido; colóqueme en una habitación llena de gente y me siento lleno de energía. Va en contra de mi naturaleza restringir el tiempo para estar con muchas personas, así que para compensarlo, he tomado un par de acciones: primero, he elegido un fuerte círculo interno de personas, quienes no sólo me brindan una estupenda ayuda profesional, sino que también hacen mucho más placentera la travesía de mi vida; segundo, pido a algunos amigos que me mantengan al tanto de lo que ocurre en las vidas de otros amigos, lo cual hago por lo general cuando viajo y no puedo tener el tiempo necesario para pensar de forma concentrada. La persona más importante en esto es Stan Toler, a quien llamo Señor Relaciones. Él y yo hemos sido amigos por treinta y siete años, tenemos muchas experiencias compartidas y amigos comunes. Una llamada a Stan vale un mes de socialización, él parece conocer lo que ocurre con todos, ¡hasta sabe lo que ocurre conmigo antes de que yo lo sepa! Hace poco, me envió por fax una nota de felicitación referente al lugar que había adquirido mi último libro, algo de lo que yo no tenía la menor idea. Cuando quiero saber lo último que les ocurre a los demás (o a mí), llamo a Stan.

No puedo hacerlo todo

Sólo hay unas cuantas oportunidades excepcionales en la vida de cualquier persona, es por ello que lucho más por la excelencia en unas cuantas cosas que por un buen desempeño en muchas, lo cual me ha costado. Por ejemplo, aunque disfruto y leo por placer, no he leído una sola novela desde que me gradué de la universidad; en cambio, he elegido dedicar mi tiempo de lectura a libros que no traten de ficción, pues creo que esas obras fomentan la clase de crecimiento que deseo, tanto en lo personal como en lo profesional. También estoy completamente indefenso cuando se trata de algo técnico. Por años, si algo necesitaba reparación, llamaba a un amigo a que me ayudara, en la actualidad, llamo a mi hijo Joel, si es un desperfecto mecánico o electrónico él puede arreglarlo.

Por la cantidad de trabajo que tengo, tampoco puedo hacer muchas cosas que me encantaría hacer; por ejemplo, cada semana entrego a otros proyectos que me gustaría hacer por mí mismo, practico el principio de diez-ochenta-diez con las personas a quienes delego una tarea. Ayudo con el primer diez por ciento al dar una visión, establecer parámetros, brindar los recursos y dar ánimo; después, una vez que han realizado ochenta por ciento del proyecto, regreso con ellos y les ayudo con lo que reste del camino, si me es posible, a lo que le llamo colocar la cereza encima.

No puedo ir a todas partes

Todo orador y escritor debe viajar mucho, lo cual, me parecía una vida glamurosa antes de comenzar a dar muchas conferencias; pero después de acumular varios millones de millas en aviones, de comer malas comidas, de dormir en alojamientos incómodos, de mantener un horario terriblemente exigente y de pasar más noches lejos de mi familia de las que puedo contar, sé lo que puede llegar a costar.

Irónicamente, aún me encanta viajar por placer con mi esposa Margaret, lo cual es una de nuestras mayores alegrías. Ella y yo podríamos tomar diez vacaciones al año y disfrutaríamos cada una de ellas; sin embargo, no es posible, porque mucho de mi tiempo se consume en hacer lo que fui llamado a hacer: ayudar a las personas a crecer en lo personal y a desarrollarse como líderes.

No puedo conocerlo todo

Al estar concentrado en algo, no se puede conocer todo. Por eso les digo a las personas: "No necesito saber acerca de noventa y nueve por ciento de todo lo que pasa en la vida", intento concentrarme en aquello que me brinda el mayor beneficio; y Margaret me mantiene al tanto del noventa y nueve por ciento restante cuando necesito saberlo. Es una de las maneras con las que evito salirme por completo de balance en mi vida.

Obtenga el impulso

No es fácil estar dispuesto a dejar algunas de las cosas que ama para concentrar su atención en lo que tiene el mayor impacto; pero mientras más pronto aprenda esta lección, más pronto podrá dedicarse a la excelencia en lo que es más importante.

En un artículo leí acerca de alguien que lo aprendió rápidamente. Su nombre es Ashley Martin. El 30 de agosto de 2000, fue la primera mujer en jugar y anotar en un juego de fútbol colegial de primera división. Ashley era la pateadora de reserva en el equipo de Jacksonville State (en Alabama).

Estar dispuesto a dejar algunas de
las cosas que ama para concentrar su
atención en lo que tiene el mayor impacto
no es una lección fácil de aprender.

Ashley siempre ha sido una buena atleta; en su primer año de preparatoria, en Sharpsburg, Georgia, se inscribió en cinco deportes: fútbol, baloncesto, softbol, pista y fútbol americano (donde anotó ochenta y cinco puntos pateando para su equipo). Su mejor deporte era el fútbol, ¿pero qué tan buena era? La nombraron la jugadora más valiosa de su equipo siendo *novata*, lo cual le valió una oferta de beca completa para jugar fútbol en la universidad Jacksonville State.

Ella tuvo la oportunidad de jugar fútbol colegial en la escuela cuando el entrenador Jack Crowe la vio pateando goles de campo solo por diversión después de su entrenamiento de fútbol. Él necesitaba otro pateador, así que la invitó a intentarlo. Pateó veinte de veintidós intentos de punto extra y obtuvo el puesto.[27]

PREGUNTA DE REFLEXIÓN

*¿Estoy comprometido a eliminar las distracciones
y el desorden mental para poder concentrarme
con claridad en el problema real?*

Pero tras la temporada de 2001, Ashley anunció que ya no jugaría fútbol, aunque amaba el deporte y quería seguir jugando, ¿por qué? Porque el fútbol era más importante. Su entrenadora, Lisa Howe, dijo: "Hablamos acerca de algunas de sus metas (…) creo que cuando se decide por las prioridades, simplemente no hay suficiente tiempo y energía para hacerlo todo".

Ashley estuvo de acuerdo: "Será bueno para mí el comprometerme, concentrarme y trabajar mucho solo en esto, creo que es lo que debo hacer".[28] Ashley ya era quien anotaba la mayor cantidad de puntos en su equipo de fútbol, no hay forma de saber lo lejos que llegará ahora que ha decidido concentrar su atención en un solo deporte. Lo mismo puede ocurrir con usted, si usted aprende cómo liberar el potencial del pensamiento concentrado.

Ponga en práctica el pensamiento concentrado

1. Al final del capítulo anterior, le pregunté que tan bien pensaba con respecto a la imagen global, ahora, quiero hacer la misma pregunta, pero con relación al pensamiento concentrado. En una escala del 1 al 10, siendo 1 la atención dispersa y el 10 la concentrada ¿qué tan bien concentra su pensamiento?

Mientras menor sea su número, mayor será el tiempo que necesitará para forjarse un pensamiento concentrado.

2. En su calendario, busque cómo apartar tiempo para pensar. Idealmente, debería programar algo de tiempo todos los días y un bloque considerable de tiempo una vez a la semana. Recuerde que para ser efectivo, debe apartarse de las distracciones, evitar interrupciones no deseadas y ser capaz de concentrarse. Elija el mejor lugar y su momento más productivo del día para pensar de forma concentrada y después, escríbalo en su calendario y trátelo como trataría cualquier cita importante.

3. Unos cuantos sucesos y decisiones son los que afectan más nuestras vidas, para bien o para mal. El pensamiento centrado puede brindar el campo para impactar esas decisiones y sucesos. Determine cuáles decisiones presentes son las más importantes y después dedíqueles algo del tiempo de pensamiento que ha programado.

4. Si usted no tiene metas, o si estas no concuerdan con sus sueños, entonces su tiempo de pensamiento concentrado lo regresará a un buen curso. Dedique el bloque de tiempo de esta semana para reflexionar y escribir sus metas actuales.

_____

_____

_____

Técnica 3

Descubra el gozo del pensamiento creativo

"El gozo está en crear, no en mantener".
—Vince Lombardi,
entrenador en el salón de la fama de la NFL

¿En qué estaban pensando?

Pregunta: "Si pudieras vivir para siempre, ¿lo harías y por qué lo harías?"

Respuesta: "No viviría para siempre, porque no debemos vivir para siempre, pues si se supusiera que viviéramos para siempre, entonces podríamos vivir para siempre, pero no podemos vivir para siempre, es por ello que no viviría para siempre".
—Concursante del certamen "Miss America" de 1994

Cuando fui a la universidad a los dieciocho años, una de mis primeras clases fue Psicología I, la cual me pareció interesante, pues me gustaban las personas y me intrigaba aprender más acerca de lo que las hacía funcionar. El profesor quería que aprendiéramos, tanto de nosotros mismos como de los demás, así que hacíamos

115

exámenes constantemente, llenábamos perfiles de personalidad y respondíamos cuestionarios de autovaloración. Recuerdo con mucha claridad haber llenado un perfil que medía varios talentos naturales algunas semanas después de comenzado el curso. No sé en qué área obtuve la puntuación más alta, pero sí puedo recordar mi mayor debilidad: la creatividad.

Quizás esa clase de información no habría molestado a muchos en la clase, pero a mí me devastó. No solo valoraba la creatividad, sino que sabía que la necesitaba para ejercer la profesión que había elegido. Estudiaba para ministro, lo cual significaba que pasaría escribiendo muchas horas cada semana de mi vida y que hablaría ante el público al menos dos o tres veces por semana (en ocasiones más) durante las siguientes cuatro décadas. ¿Cómo se sentiría usted si tuviera que escuchar cada semana de su vida a una persona poco creativa? ¡Es un pensamiento bastante sombrío!

Busque ideas

¿Qué iba a hacer? No consideré como una opción cambiar de carrera; me había comprometido a ser un pastor, y uno no le da la espalda a lo que cree que es la obra de Dios. Pensé: *Si no tengo la habilidad innata de producir pensamientos creativos, entonces extraeré los pensamientos creativos de otros.* Sabía que podía convertirme en un coleccionista de pensamientos con mayor facilidad de lo que podría convertirme en creador de pensamientos, después de todo, ¿no fue el gran inventor Thomas Edison quien afirmó: "La originalidad es el arte de ocultar la fuente"?

"La originalidad es el arte de ocultar la fuente".
—Thomas Edison

Desde entonces, todos los días, durante tres décadas y media, leí grandes libros, reuní grandes pensamientos y los archivé por tema. A lo largo de los años, mientras escribo clases y libros, cuando busco una cita, una historia o un artículo sobre un tema específico, solo debo mirar mis archivos para encontrar muchos trozos excelentes de materiales que había archivado para una ocasión tal.

Esa disciplina me ha servido bien como escritor y como orador. La escritora Rosabeth Moss Kanter dice: "Para mantenerte adelante, debes tener la siguiente idea esperando frente a ti". Nunca he fallado en tener ideas esperándome de frente, o en mi caso, esperando en mis archivos. Pero también he descubierto algo más, que al convertirme en una persona que busca siempre ideas creativas, he aprendido a convertirme en una persona creativa.

Oro puro

Usted no tiene que ser un escritor, pastor u orador profesional para valorar la creatividad, Annette Moser-Wellman, autora de *The Five Faces of Genius* (*Los cinco rostros de la genialidad*), afirma: "*El recurso más valioso que puede llevar a su trabajo y a su compañía es su creatividad*. Más que lo que usted haga, más que el papel que desempeñe, más que su título, más que lo que 'produzca'; sus ideas son lo que importa".[29] La creatividad es oro puro sin importar lo que usted haga para ganarse la vida.

A pesar de la importancia de la capacidad de una persona para pensar con creatividad, pocas personas poseen esta habilidad en abundancia. El escritor Skipp Ross, describe el problema en su libro *Say Yes to Your Potential* (*Diga sí a su potencial*), donde escribe:

Se realizó un estudio para descubrir el nivel de creatividad de los individuos en diversas edades. Después de la prueba, las estadísticas indicaron que dos por ciento de los hombres y mujeres de cuarenta años eran muy creativos.

Cuando miraron a las personas más jóvenes, los resultados mostraron que dos por ciento de las personas de treinta y cinco años eran altamente creativas y dos por ciento de las personas de treinta años eran altamente creativas. Esto ocurrió de la misma manera con cada grupo de edades, hasta que llegaron al grupo de los niños de siete años, diez por ciento de los cuales eran altamente creativos. Sin embargo, estudios posteriores mostraron que noventa por ciento de los niños de cinco años eran altamente creativos. Entre las edades de cinco y siete años, ochenta por ciento de quienes éramos altamente creativos, desarrollamos una imagen, una actitud que nos dice que no somos creativos y comenzamos a negar esa parte en particular de aquello con lo cual Dios nos dotó.[30]

No sé por qué tantas personas pierden su creatividad, pero sé que el cambio no debe ser permanente. Pablo Picasso creía: "Todo niño es un artista, el problema es cómo mantenerlo siendo un artista una vez que crece".

Si usted no posee la creatividad que le gustaría, puede cambiar su manera de pensar, tal como yo lo hice. El pensamiento creativo no es necesariamente pensamiento original; de hecho, creo que las personas tienen una concepción falsa del pensamiento original. La mayoría de las ocasiones, el pensamiento creativo es un compuesto formado por otros pensamientos que se han descubierto sobre la marcha. Aún los grandes artistas, quienes consideramos altamente originales, aprendieron de sus maestros, moldearon su trabajo con el de otros y reunieron una

"Todo niño es un artista, el problema es cómo mantenerlo siendo un artista una vez que crece".
—Pablo Picasso

hueste de ideas y estilos para crear su propia obra. Estudie el arte, y verá una ilación entre el trabajo de todos los artistas y los movimientos artísticos relacionados con otros artistas que los antecedieron.

Características de los pensadores creativos

¿Usted se considera altamente creativo? Si la investigación de Skipp Ross es acertada, quizá no; es posible que ni siquiera esté seguro de a lo que me refiero cuando pregunto si usted es un pensador creativo. Permítame explicar algunas de mis observaciones; considere algunas de las características que tienen en común los pensadores creativos:

Los pensadores creativos valoran las ideas

Annette Moser-Wellman comenta: "Las personas altamente creativas están dedicadas a las ideas, no dependen únicamente de su talento, sino también de su disciplina; su imaginación es como una segunda piel, saben manipularla al máximo".[31] La creatividad se trata de tener ideas; muchas de ellas, y solo las tendrá si las valora.

Con frecuencia las personas exploran ideas en sus propias áreas de interés, eso es lo que hace mi esposa, Margaret. Ella tiene un gran gusto por la decoración y diseño de interiores; con frecuencia, cuando estamos juntos buscando antigüedades o artículos de decoración, me sorprendo lo rápido que puede encontrar exactamente lo que busca. En una ocasión le pregunté cómo lo hacía, y ella dijo: "Sé exactamente lo que busco porque ya lo vi en un catálogo". Margaret recibe docenas de catálogos y revistas, las cuales revisa con regularidad para ver nuevos artículos o tendencias. Porque ella valora las ideas, siempre tiene muchas de ellas.

Los pensadores creativos

Aún no he conocido a un pensador creativo a quien no le gusten las opciones. Explorar una multitud de posibilidades ayuda a estimular la imaginación, y la imaginación es de extrema importancia para la creatividad. Como lo dijo Albert Einstein: "La imaginación es más importante que el conocimiento".

Las personas que me conocen bien le dirán que doy un gran valor a las opciones, ¿por qué? Porque me brindan la llave para encontrar la mejor respuesta; no la única. Cuando los miembros del equipo se acercan a mí con un problema, insisto en que también proporcionen tres maneras posibles de resolverlo. Cualquiera puede señalar un problema; pero solo quienes piensan bien pueden presentar posibles soluciones. Los buenos pensadores tienen las mejores ideas y crean planes de apoyo que les brindan alternativas. Ellos disfrutan de la libertad que otros no poseen, ejercen influencia y dirigen a otros.

"Es el hombre aburrido quien está siempre seguro; y el hombre seguro quien siempre está aburrido".
—H. L. Mencken

Los pensadores creativos acogen la ambigüedad

El escritor H. L. Mencken dijo: "Es el hombre aburrido quien está siempre seguro; y el hombre seguro quien siempre está aburrido". Las personas creativas no sienten la necesidad de terminar con la incertidumbre, ellos ven toda clase de inconsecuencias y vacíos en la vida y con frecuencia disfrutan de explorar esos vacíos, o de usar su imaginación para llenarlos.

Los pensadores creativos celebran lo no convencional

Por su naturaleza misma, la creatividad a menudo explora territorios apartados y va en contra de la corriente. El diplomático y antiguo presidente de la Universidad de Yale, Kingman Brewster, dijo: "Existe una correlación entre el creativo y el chiflado, así que debemos soportar con gusto a los chiflados". Para fomentar la creatividad en usted mismo y en los demás, esté dispuesto a tolerar algo de rareza.

Los pensadores creativos conectan lo inconexo

Ya que la creatividad utiliza las ideas de los demás, hay un gran valor en ser capaz de conectar una idea con otra, en especial dos ideas aparentemente no relacionadas. El diseñador gráfico, Tim Hansen, dice: "La creatividad se expresa especialmente en la habilidad de realizar conexiones, de hacer asociaciones, de dar un giro a las cosas y expresarlas de un nuevo modo".

Cuando comencé a aprender cómo conectar mis pensamientos aparentemente desconectados, hace años, me di cuenta de que a menudo podía crear algo especial. ¿Alguna vez jugó a unir los puntos cuando era niño? La primera vez que miraba la página parecía una mezcolanza de puntos, pero quien lo hubiera creado lo creó con un plan; al conectar los puntos, la imagen que el creador había preparado, emergía bajo el lápiz.

Realmente, es fácil unir los puntos si usted sabe hacia dónde se dirige; de la misma manera, es fácil conectar las ideas cuando se tiene un plan. Cuando era un pastor joven, me discipliné para seleccionar los temas de mis sermones con tres meses de anticipación, lo cual me permitía estar en busca de ilustraciones e ideas que pudieran añadir valor a mis mensajes; entonces descubrí que las ideas inconexas se conectan cuando se tiene un plan, y en poco tiempo me di cuenta de que las ideas creativas se vuelven más creativas ante un plan.

Lo mismo se aplica cuando se escribe un libro. Durante meses, trabajé con diligencia en el título, la tesis y el resumen de *Piense, para obtener un cambio*. Cuando terminé esa fase del proyecto, pude comenzar a buscar contenidos para el libro de manera intencional, también fui capaz de comunicarme eficientemente con mi equipo de redacción en cuanto a lo que buscaba, lo cual dirigió nuestros esfuerzos para buscar buen material, y encendió nuevas ideas. Conforme trabajábamos en el contenido, fue claro que necesitábamos añadir otro capítulo que ayudara a los lectores a dejar bien establecida la idea del poder de cambiar la forma de pensar.

Cuando uno quiere crear pensamientos adicionales es como hacer un viaje en auto, quizá sepa cual es su destino, pero solo mientras avanza hacia él puede experimentar y ver las cosas de una manera que no era posible antes del comienzo. El pensamiento creativo funciona de una forma parecida a la siguiente:

Pensar ⇨ Compilar ⇨ Crear ⇨ Corregir ⇨ Conectar

Una vez que comience a pensar, es libre de compilar. Usted se pregunta: *¿Qué material se relaciona con este pensamiento?* Una vez obtenido el material, pregunta: *¿Qué ideas pueden mejorar el pensamiento?* Finalmente, conecta las ideas al colocarlas en el contexto indicado para hacer del pensamiento algo completo y poderoso. Todo el proceso ocurre con mayor facilidad cuando se tiene un marco o una imagen de aquello a lo cual se quiere llegar, ya que lo deja libre para añadir valor a su pensamiento. Si usted va a las ideas, ellas pronto fluirán hacia usted.

Los pensadores creativos no temen al fracaso

Una clave para tener éxito en la vida es superar los fracasos. En el año 2000, escribí un libro basado en esa idea, titulado *El lado positivo del fracaso*, cuya tesis era: *La diferencia entre las personas comunes y las personas exitosas es su percepción y su respuesta ante las fallas.* La creatividad exige la habilidad de no temer al fracaso. Edwin Pont dice: "Un aspecto esencial de la creatividad es no tener miedo de fallar".

¿Por qué lo anterior es tan importante? Porque creatividad es igual a fracaso. Escuchar una afirmación semejante podría sorprenderlo, pero es cierta. Charles Frankel afirma: "La ansiedad es la condición esencial de la creación artística e intelectual". La creatividad requiere de una buena disposición a parecer tonto, significa estar dispuesto a arriesgarse; al saber que el riesgo puede convertirse en realidad. Las personas creativas saben todo esto y aún así se mantienen en busca de ideas nuevas, simplemente no dejan que las ideas que *no* han funcionado eviten que tengan nuevas ideas que sí funcionen.

Por qué debe descubrir el gozo del pensamiento creativo

La creatividad puede mejorar la calidad de vida de una persona. Los siguientes son cinco beneficios específicos que la creatividad tiene el potencial de traer:

1. El pensamiento creativo le añade valor a todo

¿No disfrutaría de una reserva ilimitada de ideas, de la cual pudiera extraer pensamientos en cualquier momento? Eso es lo que el pensamiento creativo le da. Por ello, sin importar lo que usted sea capaz de hacer en la actualidad, la creatividad puede hacerlo más capaz.

Sin importar lo que sea capaz de hacer en la actualidad, la creatividad puede hacerlo más capaz.

La creatividad es ser capaz de ver lo que todos han visto y de pensar lo que nadie más ha pensado para poder hacer lo que nadie más ha hecho. En ocasiones, el pensamiento creativo es similar a la invención, donde se descubre; en otras, es similar a la innovación, lo cual le permite hacer lo viejo de una manera nueva; pero del modo que sea, es ver al mundo a través de ojos lo suficientemente nuevos como para que aparezcan nuevas soluciones, lo cual siempre añade valor.

Un estilista de Hollywood recibió en una ocasión una llamada desesperada de una joven actriz que necesitaba le arreglaran el cabello para una gran fiesta de celebridades. El estilista se apresuró en llegar a la casa de la mujer, dio un vistazo a lo que la mujer llevaba puesto, tomó un trozo de listón que hacía juego y se puso a trabajar de inmediato; en media hora, sin usar nada más que un cepillo y el listón, creó una obra de arte.

Cuando dio vuelta a la joven mujer para que pudiera verse en el espejo, ella dijo:

—Oh, es maravilloso. ¡Gracias! ¿Cuánto le debo?

—Tres mil dólares —respondió el estilista.

—¡Qué! —gritó—. No le pagaré tres mil dólares por un trozo de listón.

Se miraron fijamente sin parpadear.

—Bien —dijo él al fin, y con ello, tiró del listón de su cabello mientras ambos veían cómo los mechones caían en un alborotado caos, para después, entregárselo y decir:

—El listón es gratis.

2. *El pensamiento creativo enriquece*

Desde hace veinticinco años, me volví un apasionado de la creación de libros que pudieran añadir valor a las personas. Comencé a trabajar en mi primer libro con gran diligencia. Entonces, la fría agua de la realidad comenzó a apagar las llamas de mi pasión, descubrí que escribir era difícil. ¡Luché durante un año para escribir un libro de tan sólo cien páginas! El cual resultó ser pequeño porque se me agotaron las cosas qué decir.

No abandoné la escritura por esa experiencia difícil, sino que me mantuve escribiendo y seguí trabajando para volverme más creativo. En la actualidad he escrito más de treinta libros y tengo al menos otros siete que quiero escribir. Un joven futuro escritor me preguntó hace poco: "¿Cómo se escriben treinta libros?" Mi respuesta fue sencilla: una palabra a la vez. Con los años, me he dado cuenta que:

<blockquote>
El pensamiento creativo es un trabajo arduo pero el pensamiento creativo enriquece cuando se le da el tiempo y la atención necesarios.
</blockquote>

Quizás más que cualquier otra clase de pensamiento, el pensamiento creativo se edifica a sí mismo y aumenta la creatividad del pensador. La poetisa Maya Angelou afirmó: "La creatividad no se puede gastar, mientras más se usa, más se tiene; por desgracia, es más frecuente que se le sofoque a que se le nutra, debe existir un clima en el cual se fomenten nuevas maneras de pensar, percibir y cuestionar". Si usted cultiva el pensamiento creativo en un ambiente que nutra la creatividad, no hay manera de predecir la clase de ideas que podrá tener (después hablaré más al respecto).

"La creatividad no se puede gastar, mientras más la usa, más se tiene".
—Maya Angelou

3. La creatividad atrae a las personas hacia usted y hacia sus ideas

¿Por qué las personas se mantienen fascinadas con Leonardo da Vinci? Realice una búsqueda rápida en *Amazon.com* [nota del traductor: *Amazon.com* es uno de los principales sitios de internet dedicado a la venta de libros] y obtendrá más de trescientos títulos de libros acerca de él, ¡a pesar de que murió hace casi quinientos años! ¿Por qué? Porque la creatividad es atrayente.

La creatividad es la diversión de la inteligencia. Las personas admiran la inteligencia, y la diversión siempre las atrae, así que la combinación es fantástica. Si se puede decir que alguien se ha divertido con la inteligencia, ese fue da Vinci. La diversidad de sus ideas y su destreza asombran a la mente: era pintor, arquitecto, escultor, anatomista, músico, inventor e ingeniero. El término *hombre del renacimiento* se acuñó gracias a él.

De la misma manera en la cual da Vinci y sus ideas atraían a las personas durante el renacimiento, las personas creativas atraen a las personas en la actualidad. Si usted cultiva la creatividad, se volverá más atractivo ante las demás personas; usted los atraerá.

4. El pensamiento creativo lo ayuda a aprender más

El escritor y experto en la creatividad, Ernie Zelinski, dice: "La creatividad es el gozo de no saberlo todo. El gozo de no saberlo todo, se refiere al conocimiento de que, aunque nunca tenemos todas las respuestas, siempre tenemos la habilidad de generar más soluciones a casi cualquier problema. Ser creativo es ser capaz de ver o imaginar una gran cantidad de oportunidades para los problemas de la vida, la creatividad es tener opciones".[32]

*"La creatividad es el gozo
de no saberlo todo".*
—Ernie Zelinski

Casi parece demasiado obvio decirlo, pero si usted siempre se mantiene en la búsqueda activa de nuevas ideas, aprenderá. La creatividad es disposición a aprender, es ver más soluciones que problemas; y mientras mayor sea la cantidad de pensamientos, mayor es la probabilidad de aprender algo nuevo.

5. El pensamiento creativo desafía el statu quo

Alguien dijo: "Recuerda que los grandes sabios del pasado no tenían respeto por las convenciones de la actualidad, ni tampoco lo tendrán los grandes hombres del futuro".[33] Si usted desea mejorar su mundo (o su situación actual), entonces la creatividad lo ayudará. El *statu quo* y la creatividad no son compatibles, la creatividad y la innovación siempre van de la mano.

Cuando el cantante Elvis Presley murió, dejó todo en un fideicomiso para Lisa Marie, su pequeña hija; sin embargo, su patrimonio se encontraba en un estado terrible. En 1979, la madre de Lisa Marie, Priscilla, se convirtió en coalbacea del fideicomiso, y se dio cuenta de que si no hacía algo pronto, el patrimonio se encontraba en dirección a la ruina.

Durante su vida, Elvis recibió menos de la mitad de lo que ganaba. El coronel Tom Parker, su representante, tenía un contrato que le otorgaba cincuenta por ciento de todo lo que Elvis produjera, lo cual, aunado a un estilo de vida de grandes gastos, significó que Elvis a menudo tuviera necesidad de dinero. Varios años antes de morir, Elvis vendió los derechos de la mayoría de sus grabaciones para obtener dinero; como consecuencia, su propiedad no recibe regalías por parte de su música, a pesar de que haya producido más ganancias para RCA que cualquier otro artista (aún veinticinco años después de su muerte). Añada a esa enorme herencia los impuestos del gobierno y una mansión vacía que consumía recursos en impuestos y mantenimiento, y podrá imaginar lo desoladora que parecía la situación.

Priscilla Presley no permitiría que la herencia de su hija se disipara de esa forma, pero ¿cómo se obtienen recursos a partir del patrimonio de Elvis sin la presencia de él? Cuando él necesitaba dinero, simplemente actuaba en otro concierto, hacía otra grabación o aparecía en otra película. Priscilla comenzó a pensar con creatividad; primero tomó lo poco que quedaba de la fortuna de Elvis y lo invirtió en *Graceland* [nota del traductor: *Graceland* es el nombre de la extensa propiedad de Elvis Presley en la ciudad de Memphis, Tennessee], la cual abrió al público como atracción turística en vez de venderla. Fue un gran riesgo, pero dio frutos, pues recuperó la inversión en tan solo treinta y ocho días después de abrir, en 1982.

Poco tiempo después, cortó lazos con Tom Parker, para que el cincuenta por ciento de las ganancias no siguieran canalizándose a él. Y finalmente, Priscilla comenzó a tratar a Elvis como a una marca; hasta promovió una legislación en Tennessee para hacer de su apariencia una propiedad intelectual la cual pertenecería a su patrimonio.[34]

Al usar el pensamiento creativo, Priscilla Presley transformó lo que parecía ser una situación imposible en un imperio de negocios que obtiene decenas de millones de dólares al año. Se especula que el valor neto actual de Lisa Marie Presley excede los doscientos cincuenta millones de dólares. Sin el pensamiento creativo que destruyó el *statu quo*, lo más probable es que ese valor hubiera sido cero.

Cómo descubrir el gozo del pensamiento creativo

En este punto, usted podría decir: "Está bien, estoy convencido de que el pensamiento creativo es importante, pero ¿cómo encuentro la creatividad que hay en mí?, ¿cómo descubro el gozo del pensamiento creativo?" Las siguientes son cinco maneras de hacerlo:

1. Elimine a los destructores de la creatividad

El profesor de economía y escritor humorístico, Stephen Leacock, dijo: "En lo personal, preferiría escribir *Alicia en el país de las maravillas* que toda la *Enciclopedia Británica*". Él valoraba la calidez de la creatividad más que la fría información. Si usted también lo hace, entonces necesitará eliminar actitudes que resten valor al pensamiento creativo.

Dé un vistazo a las siguientes frases. Es casi una garantía de que destruirán el pensamiento creativo cada vez que usted las escuche (o piense).

- No soy una persona creativa.
- Sigue las reglas.
- No hagas preguntas.
- No seas diferente.
- Mantente en los límites.
- Sólo hay una forma de hacerlo.
- No seas necio.
- Sé práctico.
- Sé serio.
- Piensa en tu imagen.
- No es lógico.

- No es práctico.
- Nunca se ha hecho.
- No puede hacerse.
- A ellos no les funcionó.
- Lo hemos intentado antes.
- Es demasiado trabajo.
- No podemos permitirnos cometer un error.
- Será demasiado difícil de administrar.
- No tenemos el tiempo.
- No tenemos el dinero.
- Sí, pero…
- El juego es frívolo.
- El fracaso es definitivo.

Si usted cree tener una gran idea, no permita que nadie lo convenza de no seguirla, aún si parece tonta. No se permita, ni permita que nadie lo someta a los destructores de la creatividad. Después de todo, usted no puede hacer algo nuevo y emocionante si se fuerza a mantenerse estancado o, como comentó Edward DeBono en *New Think* (*Nuevo pensar*): "No se puede perforar un agujero en un sitio diferente al solo hacerlo más profundo". No solo trabaje de manera ardua en lo mismo, haga un cambio.

"La mente poco creativa puede advertir las respuestas equivocadas, pero se requiere de una mente creativa para advertir las preguntas equivocadas".
—Sir Anthony Jay

2. Piense de forma creativa al hacer las preguntas indicadas

La creatividad es en gran parte una cuestión de hacer las preguntas indicadas. El instructor de administración, Sir Anthony Jay, dijo: "La mente poco creativa puede advertir las respuestas equivocadas, pero se requiere de una mente creativa para advertir las preguntas equivocadas". Las preguntas equivocadas suspenden el proceso del pensamiento creativo, llevan a los pensadores por el mismo camino *viejo* o los reprenden para hacerlos creer que pensar no es necesario en lo absoluto.

Para estimular el pensamiento creativo, hágase preguntas como:

- ¿Por qué debe hacerse de *este* modo?
- ¿Cuál es la raíz del problema?
- ¿Cuáles son los problemas subyacentes?
- ¿Qué me recuerda esto?
- ¿Qué es lo opuesto?
- ¿Qué metáfora o símbolo ayuda a explicarlo?
- ¿Por qué es importante?
- ¿Cuál es la manera *más difícil* o *más cara* de hacerlo?
- ¿Quién tiene una perspectiva diferente de esto?
- ¿Qué ocurre si *no* lo hacemos en lo absoluto?

Después de contestarlo, seguramente ya comprende, y es cuando probablemente pueda formular mejores preguntas. El físico Tom Hirschfield comentó: "Si no preguntas '¿por qué?' con la debida frecuencia, alguien preguntará '¿por qué tú?'" Si desea pensar de manera creativa, debe formular buenas preguntas, debe desafiar el proceso.

3. Desarrolle un entorno creativo

Charlie Broker dijo: "Una nueva idea es delicada, puede morir ante un bostezo o una burla, puede ser apuñalada por una broma o preocuparse hasta la muerte por el ceño fruncido en el rostro de la persona indicada". Los entornos negativos matan cientos de grandes ideas a cada minuto.

Por otro lado, un entorno creativo se vuelve como un invernadero donde las ideas se plantan, brotan y florecen. Un entorno creativo:

- *Fomenta la creatividad:* David Hills dice: "Los estudios acerca de la creatividad sugieren que la variable más importante que define si los empleados serán creativos, es que ellos perciban el tener permiso para serlo". Cuando la innovación y el buen pensamiento se fomentan y recompensan abiertamente, las personas saben que tienen permiso de ser creativos. En el grupo INJOY, aliento la creatividad al convocar regularmente a sesiones creativas de equipo, donde los pensadores se reúnen para concebir ideas nuevas y mejores. Con las personas adecuadas en la habitación, siempre ocurren tres cosas: las ideas parecen elevarse a un nivel más alto, la energía y la sinergia se elevan a un nivel superior y las compañías hacen lo mismo.

"La creatividad proviene de la confianza; confía en tus instintos y nunca tengas más esperanzas que trabajo".
—Rita Mae Brown

- *Coloca un alto valor en la confianza entre miembros del equipo y la individualidad:* La creatividad siempre conlleva el riesgo de fracasar, por ello la confianza es tan importante para las personas creativas. La escritora de misterio, Rita Mae Brown, comenta: "La creatividad proviene de la confianza; confía en tus instintos y nunca tengas más esperanzas que trabajo". En el proceso creativo, la confianza proviene del hecho de que quienes trabajan juntos quieren lo mejor para la organización y para los demás. Surge de saber que las personas del equipo tienen experiencia

en lanzar ideas exitosas y creativas, y proviene de
la certeza de que el tiempo invertido en la búsqueda
de ideas creativas no será en balde, pues estas serán
puestas en práctica.

- *Acoje a quienes son creativos:* Las personas creativas
  celebran lo no convencional; es verdad que en
  ocasiones son excéntricos. ¿Cómo se debe tratar a las
  personas creativas? Tomo el consejo de Tom Peters:
  "Deshazte de los insulsos ¡y cultiva a los locos!". Los
  cultivo al pasar tiempo con ellos, lo cual disfruto
  de todas maneras; en especial, me gusta arrastrar
  personas a sesiones de lluvia de ideas. Las personas
  ansían una invitación a estas reuniones porque
  mientras duren, estarán llenas de energía, ideas y
  risa; además, hay altas probabilidades de que surja un
  nuevo proyecto, seminario o estrategia de negocios. Y
  cuando eso ocurre, ¡también saben que se aproxima
  una fiesta!

- *Se concentra en la innovación, no sólo en la
  invención:* La creatividad necesita comenzar en algún
  sitio. Sam Weston, creador de la popular figura de
  acción, *GI Joe*, dijo: "Las ideas en verdad innovadoras
  son raras, pero no se requiere necesariamente de
  una de ellas para hacer una carrera con base en la
  creatividad. Mi definición de la creatividad es: la
  combinación lógica de dos o más elementos existentes
  de los cuales surge un nuevo concepto. La mejor
  manera de ganarse la vida con la imaginación, es
  desarrollar aplicaciones innovadoras y no imaginar
  conceptos totalmente nuevos".

  Las personas creativas dicen: "¡Dame una buena
  idea y te daré una mejor!" Por fortuna, aprendí tem-
  prano esta lección. Raras veces tengo una idea original, a menudo tomo una idea que alguien más me dio

y la elevo a un nivel superior; ese ha sido mi enfoque hacia la creatividad. Cuando hablo en una de mis conferencias, con frecuencia describo la idea del libro en el cual me encuentro trabajando; después, invito a los miembros del público a compartir sus pensamientos, ideas e ilustraciones conmigo para mejorar el libro. Les digo: "Tomaré lo que me den, lo mejoraré y les daré crédito", después sonrío y digo: "después les venderé el libro". Todos nos reímos mucho de ello. Me alegra recibir una buena idea, y ellos están felices de recibir reconocimiento (y les envío un libro gratis).

- *Da un alto valor a las opciones:* Una mujer escuchó la propuesta de matrimonio de su pretendiente y después dijo:

  —Lo siento Fred, pero no puedo casarme contigo.

  —¿Por qué? —preguntó—. ¿Hay alguien más?

  —Oh, Fred —responde—, ¡debe haberlo!

  Las personas creativas son "otros" pensadores. Siempre están pensado y buscando maneras de hacer las cosas porque saben que las opciones brindan oportunidades. Cuando alguien en mi círculo interno me trae un asunto que requiere una decisión, les pido tres cosas: la mejor información posible, las opciones y sus razonamientos acerca de la opción que elegirían. He encontrado que con frecuencia esta clase de pensamiento opcional trae los mejores resultados.

- *Permite que las personas salgan de los límites:* La mayoría de las personas se mantienen dentro de los límites de forma automática, incluso si esas líneas han sido trazadas de manera arbitraria o son terriblemente obsoletas. En ocasiones cuando enseño acerca de la creatividad, desafío a la audiencia con el ejercicio siguiente:

Sin levantar el bolígrafo, dibuje cuatro líneas
rectas que pasen sobre todos los puntos.

● ● ●

● ● ●

● ● ●

Este problema sólo puede resolverse si la persona está dis-
puesta a dibujar líneas que salgan del cuadro (*vea la solución al
final del capítulo*) y la mayoría de las personas no está dispues-
ta a hacerlo; recuerde, nadie nos impone la mayor parte de las
limitaciones a las cuales nos enfrentamos, sino que nosotros las
colocamos sobre nosotros mismos, la falta de creatividad puede
colocarse en esa categoría.

*"Sin importar la forma que tome, todo
desarrollo humano debe estar fuera
de las reglas, pues de otro modo
nunca tendríamos nada nuevo".*
—Charles Kettering

Si usted desea ser más creativo, desafíe las barreras. El inventor Charles Kettering dijo: "Sin importar la forma que tome,
todo desarrollo humano debe estar fuera de las reglas, pues de
otro modo nunca tendríamos nada nuevo". Un entorno creativo
considera lo anterior.

- *Aprecia el poder de un sueño:* Un entorno creativo
  promueve la libertad de un sueño. Un entorno creativo
  fomenta el uso de una hoja de papel junto con la
  pregunta "Si pudiéramos dibujar una imagen de lo
  que queremos lograr, ¿cómo se vería?" Un entorno así

permitió a Martin Luther King Jr., hablar con pasión y declarar ante millones: "Yo tengo un sueño" y no "Yo tengo una meta". Las metas pueden dar dirección, pero los sueños dan poder; los sueños expanden el mundo, es por ello que James Allen sugirió que: "los soñadores son los salvadores del mundo".

Mientras más propicio para la creatividad pueda hacer su entorno, mayor potencial tendrá de volverse creativo.

4. Pase tiempo con otras personas creativas

¿Y si el lugar en que trabaja tiene un entorno hostil a la creatividad y usted tiene muy poco poder de cambiarlo? Una posibilidad es cambiar de empleo, pero ¿y si usted desea seguir trabajando en ese sitio a pesar del ambiente negativo? Su mejor opción es encontrar una forma de pasar tiempo con otras personas creativas.

La creatividad es contagiosa. ¿Alguna vez ha notado lo que ocurre durante una buena sesión de lluvia de ideas? Una persona lanza una idea, otra persona la usa como trampolín para descubrir otra idea, alguien más la lleva a una dirección aún mejor, entonces, alguien la toma y la lleva a un nivel completamente nuevo; la interacción de ideas puede ser electrizante.

En mi vida tengo un fuerte grupo de individuos creativos, con quienes me aseguro de pasar regularmente un tiempo. Cuando los dejo, siempre me siento lleno de energía, lleno de ideas y veo las cosas de manera diferente; en verdad son indispensables para mi vida.

El que comenzamos a pensar como las personas con quienes pasamos mucho tiempo, es un hecho. Mientras más tiempo pueda pasar con personas creativas, envuelto en actividades creativas, se volverá más creativo.

5. Salga de sus propios límites

La actriz Katharine Hepburn notó: "Si obedeces todas las reglas…te perderás de toda la diversión". Aunque no creo que sea necesario romper *todas* las reglas (muchas están establecidas para protegernos), creo que no es sabio permitir que las limitaciones que nos imponemos sean un obstáculo. Los pensadores creativos son gente que ha salido de los límites de su propio pasado y de sus limitaciones personales para experimentar grandes avances creativos.

La manera más efectiva de ayudarlo a salir de los límites, es exponerse a nuevos modelos. Una manera de hacer eso es viajar a lugares nuevos, explorar otras culturas, países y tradiciones; averigüe cómo viven y piensan las personas que son muy diferentes a usted; otra manera es leer acerca de temas nuevos. Soy curioso por naturaleza y me encanta aprender, pero aún tengo una tendencia a solo leer libros acerca de mis temas favoritos, como el liderazgo. En ocasiones debo forzarme para leer libros que amplíen mi pensamiento, porque sé que lo valen. Si usted desea salir de sus límites, entre a los de alguien más, lea de manera amplia.

El juego es la manera

Muchas personas creen erróneamente que si los individuos no nacen con creatividad, jamás serán creativos; pero con todas las estrategias y ejemplos que he dado, usted ha podido ver que la creatividad puede cultivarse. Algunas personas trabajan tan arduamente para hacerse a sí mismos pensadores creativos y pasan tanto tiempo pensando fuera de los límites, que ni siquiera estoy seguro de que aún *tengan* límites.

En un artículo que leí hace poco, mencionaban a un grupo así. Sus miembros forman una compañía de marketing en Richmond, Virginia, llamada Play (juego), la cual es un caldero de creatividad. La sala principal de conferencias se llama el "cuarto de juegos". Ahí, los empleados inventan sus propios títulos, algunos de los cuales incluyen a la persona "Encargada de lo que Sigue", "La Voz de la Razón", "La Cuenta, Por Favor" y "1.21 Gigavatios". Se les anima a tomar sabáticos para escalar montañas, aprender a surfear o hacer cualquier cosa que pueda incentivar una mayor creatividad.

Cuando las ideas vuelan y todos rompen moldes, los empleados lo llaman "mojo". Cuando un equipo se encuentra estancado y se acerca la fecha límite, colocan una "bandera roja" en el proyecto y *todos* en la organización colaboran con ellos. La empleada Courtney Page, explica: "Nadie va a casa antes de que el dueño de un proyecto señalado con bandera roja se sienta cómodo, sin importar cuánto tiempo tarde".

Viva, coma, respire creatividad

Los fundadores de Play han creado un entorno creativo increíble. Bill Howland, director de producto en el Center for Creative Leadership (Centro de Liderazgo Creativo), compañía que hace poco puso a prueba la habilidad de Play para fomentar la creatividad, dijo de Play que sus "marcas salen de lo ordinario, no he visto otra compañía con un entorno tan abierto y creativo en mis seis años en el centro".

Los valores de la compañía son directos: personas, juego y ganancia, en ese orden. Robb Pair, quien dirige la división de mercadeo en la compañía, dice: "Trabajar en Play en verdad me da una sensación de que no existen los límites; se anima el riesgo y tengo la oportunidad de explorar mi potencial y mis habilidades".

El cofundador de Play, Andy Sefanovich, describe cómo Play ha sido capaz de fomentar tanta creatividad. Él dice: "Lo que hacemos es construir una *comunidad* creativa, y no mistificar la creatividad como un talento especial de unos cuantos elegidos".[35]

¿Y cuál es su consejo para quienes buscan volverse más creativos, como ellos lo son? "Vea más cosas y piense más en ellas", esta es una fórmula que todos podemos aprender a adoptar.

PREGUNTA DE REFLEXIÓN

¿Estoy trabajando para salir de la "caja" de mis limitaciones para poder explorar ideas y opciones con el fin experimentar avances creativos?

Ponga en práctica el pensamiento creativo

1. Si usted ha usado algún método de capturar sus ideas, ya sea en un cuaderno, computadora o sistema de archivo, tómelo y lea algunas de las ideas que ha registrado (si no captura sus ideas en papel, se pierde de la oportunidad de llevarlas al siguiente nivel, así que si no lo ha ahecho, en vez de realizar este primer ejercicio, comience por capturar sus ideas en papel durante los siguientes noventa días).

   Una vez que tenga sus ideas escritas, repáselas y encuentre una que posea un gran potencial. Y hágase las siguientes preguntas para ampliarla:

   - ¿Por qué me gusta esta idea?
   - ¿Cuáles son los asuntos subyacentes que entraña?
   - ¿A qué me recuerda?
   - ¿Qué es lo opuesto?
   - ¿Qué metáfora o símbolo ayuda a explicarla?
   - ¿Cuál es el valor de la idea?
   - ¿Cuál es la manera *más difícil* o *más costosa* de realizarla?
   - ¿Quién tiene una perspectiva diferente de esto?
   - ¿Qué ocurre si *no* lo hago en lo absoluto?
   - En mis sueños más descabellados, ¿a dónde puede llevar esta idea?

Lo animo a añadir preguntas propias; la idea es que logre salir de su "caja" para dejar que sus ideas lo lleven a donde usted lo desee. Las únicas reglas son: 1) no puede suspender su proceso de pensamiento con auto censura, críticas u otros destructores de la creatividad; y 2) debe intentar capturar en papel tantas ideas como le sea posible.

2. Piense en su entorno laboral. ¿Fomenta la creatividad de forma natural, o tiende a inhibirla? Si promueve el pensamiento creativo, cuente sus bendiciones y agradezca a sus colegas y a su jefe; si no, idee una manera de hacerlo más favorable para la creatividad. Si usted es el jefe, cambiar la cultura de su organización es responsabilidad suya, elogie y recompense el pensamiento creativo y la innovación, introduzca el juego, dé tiempo a las personas para recargar sus baterías mentales, de forma similar a los sabáticos radicales de Play, contrate asesores que enseñen a las personas cómo pensar fuera de sus límites, haga lo que sea necesario.

3. Si usted tiene los recursos para viajar a otro país donde pueda sumergirse en una cultura diferente, quizás deba planear sus próximas vacaciones para hacerlo; si no le es posible, planee leer tres libros que se encuentren fuera de su área de experiencia, no elija algo que lo aburra ni algo que no entienda, simplemente expóngase a algo que lo haga ampliar su mente.

Solución para el ejercicio de pensar fuera de los límites

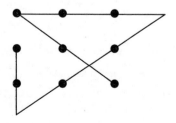

Técnica 4

Reconozca la importancia del pensamiento realista

"La primera responsabilidad de un líder
es definir la realidad".
—MAX DEPREE,
presidente del consejo de Herman Miller Inc.

¿En qué estaban pensando?

"La policía no está aquí para crear el desorden;
está aquí para conservar el orden".
—ALCALDE RICHARD DALEY,
durante la Convención Nacional Democrática de 1968 en Chicago

Recientemente fui el anfitrión de un congreso que disfruté de manera especial, llamado: "Liderazgo de la realidad", el cual es una intensa conferencia de un día que se enfoca en cuatro de los retos más difíciles que todo líder enfrenta: influenciar un cambio, resolver conflictos, desarrollar líderes y tomar decisiones difíciles. Me encanta ese congreso porque resalta estudios de casos reales acerca de líderes que han tenido éxito al enfrentar esas tareas difíciles, lo cual, ayuda a las personas a tratar con problemas reales. Como lo sabe toda persona que tenga algunos años fuera de la escuela, por lo general existe un enorme vacío entre la educación universitaria y la realidad del mundo laboral.

Cuando terminé de dar una conferencia, presidí una mesa redonda, y mientras resumía algunas tendencias en desarrollo, pude notar que a muchos en el grupo no les agradaba lo que escuchaban; pero pude comprenderlos. Cuando comencé mi carrera, recién salido de la escuela, era un pensador idealista y no uno realista. Observe algunas de mis ideas equivocadas y las realidades que enfrenté:

Idea equivocada	Realidad
Puedo hacer felices a todos.	Habrá conflictos.
A las personas les agrada el cambio, si se hace en forma adecuada	Las personas resisten el cambio a pesar de todo.
Es suficiente con que el líder cuide de las personas.	Las personas deben desarrollarse para ser efectivas.
El buen liderazgo hace innecesarias las severas llamadas de atención.	Siempre se deben tomar severas llamadas de atención

Para ser honesto, cuando comenzaba mi carrera, equivoqué mi camino por estar evitando demasiado el pensamiento realista, pues pensaba que interferiría con mi pensamiento creativo; pero al crecer, he llegado a darme cuenta de que el pensamiento realista enriquece mi vida.

Esté consciente de la realidad

La realidad es la diferencia entre lo que deseamos y lo que es; una verdad que aprendí muy lentamente, lección por lección. En mi

primer año de ministerio, descubrí que sin importar cuán arduamente trabajara en lo que hacía, no podía complacer a *todos*. Hice
ese descubrimiento cuando no logré recibir un voto unánime de
aprobación por parte de mi gente durante la primera reunión
anual de mi congregación.

Mis falsas ideas cayeron una a una y, con el tiempo, evolucioné
para convertirme en un pensador más realista. Ese proceso ocurrió en etapas: al principio, no pensaba de forma realista en lo
absoluto; después de un tiempo, me di cuenta de que era necesario pensar así, y comencé a hacerlo de forma esporádica (pero no
me gustaba, pues pensaba que era demasiado negativo y lo dele-
gaba cada vez que me era posible); al fin, me di cuenta que *debía*
pensar de forma realista si quería resolver problemas y aprender
de mis errores; y al paso del tiempo, deseaba de pensar de forma realista *antes* de tener problemas y traté de hacer de ello una
parte constante de mi vida. En la actualidad, animo a mis líderes clave a que piensen de forma realista y hacemos de este pensamiento la base de nuestro negocio, porque con él obtenemos
certeza y seguridad.

Todavía sigo creciendo en el área del pensamiento realista,
pero aún así, no es un área naturalmente fuerte en mí, tengo
mucho que aprender; lo cual me recordó recientemente mi hermano Larry, quien es un pensador muy realista. En una reunión
de la mesa directiva de EQUIP, la organización no lucrativa que
fundé para enseñar liderazgo a pastores en el extranjero, dis-
cutíamos el presupuesto para el año siguiente. La tragedia del
11 de septiembre de 2001 afectó de manera adversa los ingresos
de la mayoría de las organizaciones no lucrativas que no tuvieran
relación con los esfuerzos de ayuda para el desastre. Aunque las
donaciones para EQUIP habían disminuido, yo creía que todo
cambiaría pronto y que podríamos adoptar un presupuesto similar al del año anterior.

Sin embargo, Larry, quien también es miembro de la mesa
directiva de EQUIP, no estaba de acuerdo, él quería ser más
práctico.

—John —dijo—, no puedes dejar que tu optimismo natural dirija este presupuesto, veamos la peor situación posible. ¿Cuáles serían los ingresos de EQUIP si la situación no cambia? Esa debe ser nuestra base para el presupuesto y la contratación de personal.

Nos mantuvimos hablando por un tiempo sobre esa idea y Larry concluyó diciendo:

—Siempre debes preguntarte: "¿Cuál es la peor situación posible?" Esa es la única manera de mantener sanas las finanzas de una organización.

Y Larry sabe de eso, pues es un excelente empresario. A causa de su sensatez y su habilidad de pensar en forma realista, ha construido muchos negocios exitosos y ha sido económicamente independiente desde antes de los veinticinco años.

Por qué debe reconocer la importancia del pensamiento realista

Si su tendencia natural es hacia el optimismo, como la mía, quizá no tenga un gran deseo de convertirse en un pensador más realista, pero cultivar la habilidad de ser realista en su manera de pensar no minará su fe en las personas ni disminuirá su habilidad de ver y aprovechar las oportunidades, en cambio, le añadirá valor en otras formas:

1. El pensamiento realista minimiza el riesgo de inconvenientes

Las acciones siempre tienen consecuencias; el pensamiento realista ayuda a determinar las que podrían resultar, lo cual es

Las acciones siempre tienen consecuencias; el pensamiento realista ayuda a determinar las que podrían resultar.

crucial, pues con solo reconocer y considerar las consecuencias se puede planear cómo lidiar con ellas. Si usted tiene un plan para la peor situación posible, puede minimizar el riesgo de inconvenientes.

2. El pensamiento realista le da un objetivo y un plan de juego

Como he convivido con tanta gente, he conocido a empresarios que no eran pensadores realistas; la buena noticia: eran muy positivos y tenían un alto grado de esperanza para sus negocios; la mala noticia: la esperanza no es una estrategia.

El pensamiento realista lleva a la excelencia en el liderazgo y en la administración porque requiere que las personas enfrenten la realidad, comiencen a definir su meta y a desarrollar un plan de juego para alcanzarla. Cuando las personas piensan de forma realista, también comienzan a simplificar prácticas y procesos, lo cual tiene como resultado una mayor eficiencia.

En realidad, en los negocios solo algunas decisiones son importantes. Los pensadores realistas entienden la diferencia entre las decisiones importantes y aquellas que únicamente son necesarias en el transcurso normal de las empresas. Las decisiones que importan están directamente relacionadas con el propósito. James Allen estaba en lo cierto cuando escribió: "Si el pensamiento no está ligado con el propósito, no hay un logro inteligente".[36]

"Si el pensamiento no está ligado con el propósito, no hay un logro inteligente".
—James Allen

3. El pensamiento realista acelera el cambio

Quienes dependen demasiado de la esperanza para tener éxito, es muy raro que hagan del cambio una alta prioridad. Si usted solo tiene esperanza, quiere decir con ello que el logro y el éxito están fuera de sus manos, que es una cuestión de suerte o de oportunidad, ¿para qué molestarse en cambiar?

El pensamiento realista puede disipar esa clase de actitud equivocada. No hay nada como mirar frente a frente a la realidad para que una persona reconozca la necesidad del cambio. El cambio por sí mismo no trae crecimiento, pero no se puede tener crecimiento sin cambiar.

4. El pensamiento realista brinda seguridad

En cualquier situación en la cual piense lo peor que puede suceder y desarrolle planes de contingencia para enfrentar esa situación, tendrá más confianza y seguridad. Es tranquilizador el saber que es poco probable ser sorprendido. La decepción es la diferencia entre las expectativas y la realidad, el pensamiento creativo reduce al mínimo la diferencia entre ambos.

La decepción es la diferencia entre las expectativas y la realidad.

5. El pensamiento realista da credibilidad

El pensamiento realista ayuda a las personas a convencerse del líder y de su visión. Los líderes a quienes sorprende lo inesperado, pierden rápidamente la credibilidad ante sus seguidores; por otro lado, los líderes que piensan de forma realista y hacen planes acordes a la realidad, colocan a su organización en una posición de éxito, lo cual da a las personas confianza en ellos.

Los mejores líderes hacen preguntas realistas *antes* de lanzar una visión. Se preguntan cosas como:

- ¿Es posible?
- ¿Este sueño incluye a todos o a solo unos pocos?

- ¿He identificado y formulado las áreas que harán de este sueño algo difícil de lograr?

En 1983, cuando la iglesia que yo dirigía necesitaba cambiar de ubicación, aprendí mucho acerca de la credibilidad que surge del pensamiento realista. Buscábamos comprar ochenta acres en la parte este de San Diego. La buena noticia fue que la propiedad se encontraba en un sitio excelente; la mala, que había muchos obstáculos para vencer antes de poder cambiar de ubicación. Como lo sabe cualquier empresario con experiencia, un proyecto de construcción de varios millones de dólares es difícil y complicado, pero este en particular se enfrentó con dificultades absurdas a causa de la burocracia local, las normas ambientales y los trámites.

Al presentar a nuestra gente la visión para nuestra reubicación, elegí comunicar los retos de manera realista. Cuando comenzamos a levantar fondos para comprar la propiedad, debí asegurarme que todos entendieran que en ese momento el terreno no tenía el uso de suelo que necesitábamos. Y después de comprar la propiedad comenzaron las verdaderas dificultades. Durante ocho largos años, en cualquier ocasión en la cual comunicaba las oportunidades de la visión, dedicaba una cantidad igual de tiempo para hablar de los obstáculos; en ocasiones fue doloroso, pero al incluir el pensamiento realista en la comunicación, fuimos capaces de sostener el sueño por un gran período de tiempo.

6. *El pensamiento realista brinda un cimiento sobre el cual construir*

Thomas Edison comentó: "El valor de una idea está en usarla". La ganancia que brinda el pensamiento realista es la ayuda que brinda para hacer útil una idea al eliminar el factor "deseo". La mayoría de las ideas y los esfuerzos no consiguen los resultados buscados porque dependen mucho más de lo que se desea que de lo que existe.

Usted no puede construir una casa en el aire, una casa necesita cimientos sólidos; las ideas y los planes son iguales, necesitan algo concreto sobre qué construirse. El pensamiento realista brinda esos cimientos sólidos.

7. El pensamiento realista es amigo de quienes están en problemas

Si la creatividad son aquellas cosas que haría si no temiera la posibilidad de fallar, entonces la realidad es el tratar con las fallas si estas llegan a ocurrir. El pensamiento realista da algo concreto a lo cual recurrir en los tiempos difíciles, lo cual puede ser muy tranquilizador. La certeza en medio de la incertidumbre trae estabilidad.

8. El pensamiento realista lleva el sueño a un buen término

El novelista británico John Galsworthy escribió: "El idealismo es directamente proporcional a la distancia del problema". Si usted no se acerca lo suficiente a un problema, no podrá combatirlo; si usted no ve su sueño (y lo que se requerirá para alcanzarlo) de forma realista, nunca lo alcanzará. El pensamiento relista prepara el camino para llevar cualquier sueño a buen término.

"El idealismo es directamente proporcional a la distancia del problema".
—John Galsworthy

Cómo reconocer la importancia del pensamiento realista

Ya que por naturaleza soy más optimista que realista, he tenido que tomar acciones para mejorar mi pensamiento en esta área. Las siguientes son cinco acciones que realizo para mejorar mi pensamiento realista:

1. Desarrolle un aprecio por la verdad

No pude desarrollarme como pensador hasta que logré apreciar el pensamiento realista, lo cual significa aprender a mirar y a disfrutar la realidad. El presidente Harry S. Truman dijo: "Nunca les di un infierno, solo digo la verdad y ellos creen que es el infierno". Esa es la manera en que muchas personas reaccionan ante la verdad.

Las personas tienden a exagerar su éxito y a restar importancia a sus fallas y deficiencias; viven de acuerdo con la ley de Ruckert, creyendo que no hay nada tan pequeño que no pueda ser sacado de proporción por completo. Escuché una historia cómica que ilustra esa habilidad: el presidente de una cámara local de comercio debía presentar al orador en la cena anual de gala.

—El hombre a quien estoy a punto de presentar —dijo— es alguien a quien sé que disfrutarán escuchar, es el hombre de negocios más exitoso en el país, ha hecho cien millones de dólares con el petróleo de California.

El orador, apenado, subió al podio.

—Gracias por su amable presentación, señor presidente —dijo—. Sin embargo, los hechos necesitan algunas aclaraciones: no fue petróleo, sino carbón [nota del traductor: en inglés, las palabras *oil* (*petróleo*) y *coal* (*carbón*) son muy similares en su pronunciación, y por lo tanto, confundibles.]; no fue en California, sino en Pennsylvania; no fueron cien millones, fueron cien mil; no fui yo, fue mi hermano; y no ganó ese dinero, lo perdió.

Otra ilustración menos cómica relacionada con la verdad, aconteció en 2001. Si usted sigue el fútbol americano colegial de Estados Unidos, lo más probable es que sepa lo que ocurrió con el entrenador George O'Leary. El ex entrenador de fútbol del tecnológico de Georgia recibió y aceptó una oferta para el que llamaba el empleo de sus sueños: entrenador principal en la universidad de Notre Dame. Pero O'Leary tenía un problema. Años antes, creó un currículum que no concordaba con la realidad de su experiencia, este currículum afirmaba el que tenía un título que no había obtenido e inventó tener una experiencia en el fútbol colegial que tampoco poseía. Cuando los funcionarios de Notre Dame descubrieron la discrepancia, O'Leary perdió su credibilidad y el trabajo de sus sueños.

O'Leary dijo: "A causa de un acto egoísta y desconsiderado que cometí hace muchos años, he avergonzado personalmente a Notre Dame, a sus alumnos y a sus admiradores. La integridad y la credibilidad de Notre Dame es impecable, y con eso en mente, renunciaré a mi puesto como entrenador en jefe de fútbol".

El director atlético de Notre Dame, Kevin White, hizo el comentario: "Entiendo que estas inexactitudes representan una falla humana; no obstante constituyen un abuso de confianza que nos hace imposible continuar nuestra relación".[37]

Desgraciadamente, muchas personas en la actualidad podrían ser descritas con esta cita de Winston Churchill: "En ocasiones los hombres tropiezan con la verdad, pero la mayoría se levanta y se aleja apresurado como si nada hubiese ocurrido". Hace poco, el periodista televisivo Ted Koppel hizo la observación: "En nuestra sociedad, la verdad parece ser una medicina demasiado fuerte como para tomarse sin diluir. En su forma más pura, la verdad no es un golpecillo amable en el hombro, es un reproche violento". En otras palabras, la verdad nos hará libres; ¡pero primero nos hará enfadar! No obstante, si usted desea convertirse en un pensador realista, necesitará sentirse cómodo al tratar con la realidad y enfrentarla.

"En ocasiones los hombres tropiezan con la verdad, pero la mayoría se levanta y se aleja apresurado como si nada hubiese ocurrido".
—Winston Churchill

2. Haga su tarea

Un buscatalentos universitario escuchó buenos comentarios acerca de un jugador de básquetbol de preparatoria proveniente de una ciudad pequeña. Llegó demasiado tarde a la ciudad como para ver el juego, pero pudo conocer al joven y a su entrenador. El hombre, le preguntó al jugador:

—He escuchado que eres bastante bueno.

—El mejor que hay —respondió el jugador—. Tengo un promedio de cuarenta y cinco puntos por partido, soy el mejor *reboteador* [nota del traductor: En el baloncesto, es un jugador que gana la posesión del balón tras un rebote] en mi escuela y he guiado a nuestro equipo a tres temporadas invictas y tres campeonatos estatales.

Una vez que habló de hablar con el jugador, el buscatalentos le dijo al entrenador:

—¡Qué talento! ¿Dígame, tiene algún punto débil?

—Bien —dijo avergonzado el entrenador— tiende a exagerar.

El proceso del pensamiento realista comienza con hacer la tarea: primero debe obtener los hechos. En antiguo gobernador, congresista y embajador Chester Bowles dijo: "Cuando te acerques a un problema, deshazte de las opiniones preconcebidas y los prejuicios, une y entérate de los hechos de la situación, toma la decisión que parezca la más honesta y apégate a ella". No importa lo sensato que sea su pensamiento si está basado en información defectuosa o en presunciones, no es posible pensar bien cuando se carece de hechos (o cuando se tiene información deficiente).

 **¡Han sido otras personas quienes han hecho algunos de mis mejores pensamientos!**

Usted también puede averiguar lo que otros han hecho en circunstancias similares. Recuerde, su pensamiento no debe ser original necesariamente, simplemente debe ser sólido. ¿Por qué no aprender todo lo que pueda de buenos pensadores que hayan enfrentado situaciones similares en el pasado? ¡Han sido otras personas quienes han hecho algunos de mis mejores pensamientos!

3. Pensar con detenimiento los pros y los contras

No hay nada como tomarse el tiempo de examinar realmente los *pros* y los *contras* de un asunto para recibir una fuerte dosis de realidad. Raras veces se trata simplemente de elegir el curso de acción con el mayor número de puntos a favor, puesto que no todos los *pros* y *contras* tienen el mismo peso; pero de cualquier manera, ese no es el propósito del ejercicio. En cambio, ayuda a explorar los hechos, a examinar un asunto desde muchos ángulos y a conocer en realidad el precio de un posible curso de acción.

4. Imagine la peor situación posible

La esencia del pensamiento realista es descubrir, imaginar y examinar la peor situación posible. Hágase preguntas como:

- ¿Qué ocurrirá si las ventas no alcanzan las estimaciones?
- ¿Qué si los ingresos tocan fondo? (No el fondo de un optimista, sino un *verdadero* fondo).
- ¿Qué si no ganamos esa cuenta?
- ¿Qué si el cliente no nos paga?
- ¿Qué si debemos hacer el trabajo con escasez de empleados?
- ¿Qué si nuestro mejor jugador se enferma?
- ¿Qué si todas las universidades rechazan mi solicitud?
- ¿Qué si el mercado se va a pique?
- ¿Qué si los voluntarios renuncian?
- ¿Qué si nadie se presenta?

Usted entiende, el caso es que usted necesita pensar en las peores posibilidades, ya sea si administra un negocio, dirija una oficina, es pastor en una iglesia, entrena a un equipo o planea sus finanzas personales. Su meta no es ser negativo o *esperar* lo peor, sino sencillamente estar listo para ello en caso de que ocurra; de ese modo, se dará a sí mismo la mejor posibilidad de tener un resultado positivo, sin importar lo que pase.

Si usted imagina el peor caso y lo examina con honestidad, entonces en verdad estará consciente de la realidad, estará listo para lo que sea; al hacerlo, tome el consejo de Charles Hole, quien aconsejó: "Delibera con precaución pero actúa con decisión; y cede con gentileza u oponte con firmeza".

5. Haga que su pensamiento coincida con sus recursos

Una de las claves para maximizar el pensamiento realista, es hacer coincidir los recursos con los objetivos. Mirar los pros y los *contras* y examinar los peores escenarios posibles lo hará estar consciente de cualquier vacío entre lo que desea y lo que en verdad ocurre. Una vez que sepa cuáles son esos vacíos, podrá usar sus recursos para llenarlos, después de todo, para eso son los recursos.

Una de las claves para maximizar el pensamiento realista, es hacer coincidir los recursos con los objetivos.

Súper tazón, súper domo, súper seguridad

Nuestro país recibió lecciones sobre el pensamiento realista después de la tragedia del 11 de septiembre de 2001. La destrucción de los edificios del World Trade Center en Nueva York superó, por mucho, la peor situación posible que cualquiera hubiera podido pronosticar. A raíz de ese acontecimiento, ahora nos damos cuenta que no podemos darnos el lujo de evitar o descuidar el pensamiento realista.

Lo recordé el domingo 3 de febrero de 2002, cuando asistí al Súper Tazón en Nueva Orleáns, Louisiana. Fui al gran juego dos veces antes, para apoyar al equipo de casa (primero San Diego y después Atlanta) ¡y vi perder a ambos equipos! Pero nunca había ido a un juego como este.

En esa ocasión se le designó como un evento especial de seguridad nacional, lo cual significaba que el servicio secreto de los Estados Unidos lo supervisaría, el personal militar trabajaría con la policía local, y la seguridad sería del más alto nivel. El servicio secreto envió varios cientos de agentes y aseguró el área; antes del juego, el acceso al "Super Dome" fue muy limitado, con un control intensificado; los agentes bloquearon los caminos, cerraron la autopista cercana y designaron el área como zona restringida para el tráfico aéreo.

Con anticipación llegamos al estadio (los funcionarios sugirieron que los asistentes llegaran hasta cinco horas antes de la hora del partido) y vimos de inmediato la evidencia de las medidas de precaución: cercas de dos metros y medio rodeaban toda el área, y se colocaron barreras de concreto para evitar que vehículos no autorizados se acercaran al edificio; pudimos ver francotiradores colocados en diferentes posiciones, incluyendo los techos de algunos edificios aledaños. Cuando llegamos a la puerta, los oficiales de policía y el personal de seguridad nos catearon y examinaron las pertenencias de todos; después, nos llevaron a través de detectores de metal; y solo tras haberlo hecho todo nos permitían entrar al estadio.

Quizás usted diga: "Eso está muy bien, pero ¿qué habría ocurrido de haberse dado un ataque terrorista?" El servicio secreto también lo tenía previsto, pues se habían preparado para la peor situación posible. Se habían establecido planes de evacuación y el personal en el "Super Dome" había realizado simulacros para asegurarse de que todos supieran qué hacer en caso de emergencia.

> ## PREGUNTA DE REFLEXIÓN
>
> *¿Estoy construyendo con hechos un cimiento mental sólido que me permita pensar con certeza?*

El alcalde de Nueva Orleáns, Marc Morial dijo el día anterior al Súper Tazón: "Queremos enviar a todos los visitantes el mensaje de que Nueva Orleáns será el lugar más seguro en los Estados Unidos".[38] Recibimos el mensaje, no nos sentimos ni siquiera un poco preocupados; eso es lo que ocurre cuando los líderes reconocen la importancia del pensamiento realista.

Ponga en práctica el pensamiento realista

1. ¿Cuál es su inclinación natural?, ¿hacia el optimismo o hacia el realismo? Dé un vistazo a las fases por las que pasé en mi evolución como un pensador más realista (más un nivel que aún no he logrado) y decida cual de ellas lo describe mejor a usted:

   1. No pienso de forma realista.
   2. No me gusta el pensamiento realista.
   3. Permitiré que otra persona piense de forma realista por mí.
   4. Pensaré de forma realista solo si estoy en problemas.
   5. Pensaré de forma realista antes de estar en problemas.
   6. Haré del pensamiento realista una parte constante de mi vida.
   7. Animaré a mis líderes clave a hacer lo mismo.
   8. Haré del pensamiento realista la base de nuestro negocio.
   9. Obtengo seguridad y certeza del pensamiento realista.

10. Dependo en gran medida de los hechos y con frecuencia hago juicios de acuerdo con el peor escenario posible.

Mientras menor sea su número, más necesitará crecer.

2. Si usted no ha desarrollado mucho su habilidad para pensar con realismo, entonces quizá necesite una fuerte dosis de verdad. Pida a cinco personas perspicaces (amigos, colegas, su pareja, su supervisor, etc.) que le hablen acerca de sus tres puntos fuertes principales y sus tres mayores debilidades. Lo ideal sería que escribieran sus observaciones y las explicaran a usted. Mientras hablen, usted no podrá defenderse, sólo se le permitirá hacer preguntas que lo ayuden a entender sus observaciones. Tome notas si es necesario.

Junto con sus notas, tome todos los comentarios que reciba y pase todo un día examinándose a la luz de lo que se le dijo. Piense en la forma en la cual los comentarios pueden ayudarlo y cómo puede mejorar en sus áreas de debilidad y aprovechar sus áreas fuertes. El primer paso para lograr una apreciación de la verdad es aprender a lidiar con la verdad sobre usted mismo.

3. La siguiente ocasión en la cual tenga un problema qué resolver o un proyecto para terminar, use los parámetros de este capítulo como ayuda para cultivar una visión más realista de los problemas.

- Haga su tarea.
- Piense con detenimiento en los *pros* y los *contras*.
- Imagine la peor situación posible.
- Haga que su pensamiento coincida con sus recursos.

Primero complete los cuatro pasos; antes de realizar cualquier acción.

Técnica 5

Libere el poder del
pensamiento estratégico

"La mayoría de las personas pasa más tiempo planeando
sus vacaciones de verano que planeando su vida".
—ANÓNIMO

¿En qué estaban pensando?

Si quienes renuncian nunca ganan y los ganadores
nunca renuncian, ¿entonces por qué debería
renunciar mientras voy a la delantera?

Cuando escucha las palabras "pensamiento estratégico", ¿qué
viene a su mente? ¿Evoca planes de mercadotecnia del tipo de
los que pueden dar un giro a una compañía? Quizá piensa en la
política mundial, o recuerda las más grandes campañas militares: Aníbal cruzando los Alpes para sorprender al ejército roma-
no, a Carlo Magno en su conquista de Europa occidental, o la
invasión del día D por parte de los aliados en Normandía. Con
frecuencia se asocia al pensamiento estratégico con la guerra; de
hecho, la definición formal de *estrategia* tiene una fuerte conno-
tación militar. Considere una definición común del diccionario:

La ciencia de planear y dirigir operaciones militares a gran escala, en especial (a diferencia de las tácticas) en lo referente a las maniobras de las fuerzas hasta alcanzar la posición más ventajosa antes del verdadero enfrentamiento con el enemigo.[39]

Aun la definición más básica emplea una referencia militar y hace una diferencia entre las tácticas y el pensamiento estratégico (las tácticas son acciones que se realizan en la batalla, mientras que las estrategias son planes previos a ella); pero la estrategia no solo se restringe a las acciones militares, ni siquiera a los negocios. El pensamiento estratégico puede tener un impacto positivo en cualquier área de la vida. Permítame contarle una historia que ilustra este punto.

Una verdadera ganadora de premios

Evelyn Ryan vivía en Defiance, Ohio, a mediados del siglo XX. Nunca aprendió a conducir y nunca trabajó fuera de su casa después de que comenzó a tener hijos. Vivía en un tiempo en el cual se esperaba que una madre se quedara en casa, lo cual podría no ser un problema, con la excepción de que la familia carecía desesperadamente de dinero, pues ¡tenía diez hijos! Y su esposo, Kelly, solo ganaba un escaso sustento trabajando en un taller. Para empeorar la situación, Kelly era un alcohólico, quien cada semana se bebía cerca de un tercio de su paga.

Lo más probable es que cualquiera que viera pasar a Evelyn Ryan por la calle no la hubiera identificado como una impresionante pensadora estratégica; sin embargo, lo era. Debía encontrar un modo de criar a sus diez hijos, cuidar de su casa y traer suficiente dinero extra para que la familia sobreviviera.

Evelyn vivía en un tiempo en el cual los fabricantes de productos patrocinaban concursos con frecuencia; en ese entonces yo estaba creciendo, así que recuerdo esos anuncios de radio y televisión que invitaban a las personas a escribir en veinticinco palabras porqué les gustaba el detergente "Tide" o que les pedían completar una melodía publicitaria para "Dr. Pepper". La publicidad actual depende en gran medida de las imágenes dramáticas, pero en las décadas de los cuarenta y cincuenta, dependía de los eslóganes. No era posible conducir dentro el país sin cruzar cerca de una serie de carteles astutos que anunciaran "Burma Shave". Los fabricantes de productos patrocinaban concursos continuamente, que prometían premios o recompensas en efectivo.

Evelyn tenía una habilidad natural con las palabras, la cual cultivó al trabajar para el diario local antes de casarse, así que tenía un plan lógico. Ya que no podía salir a trabajar para ganar dinero extra (¿puede imaginar lo que habría costado una guardería para diez niños o si siquiera hubiera estado disponible?), ganó dinero y enseres que la familia necesitaba al entrar en los concursos.

Planear la paga

La habilidad para escribir cientos de poemas, canciones publicitarias y párrafos promocionales al mismo tiempo que administraba, alimentaba y lavaba para una familia de doce, requería de una gran estrategia. Evelyn era apta para la tarea; primero, tenía sistemas elaborados para encontrar y guardar formas de entrada a los concursos y pruebas de compra, tales como tapas de cajas y etiquetas de latas. Segundo, debía escribir mientras trabajaba, así que cada año compraba un cuaderno nuevo de espiral el cual usaba para capturar sus pensamientos y cualquier información necesaria para llevar la cuenta de los muchos concursos a los cuales entraba. Su siguiente reto fue saber *cuándo* escribir. Mantenía su cuaderno abierto y cerca de ella mientras trabajaba en la casa, pero se dio cuenta de que el mejor tiempo para escribir era mientras planchaba.

Evelyn no restringió su pensamiento estratégico a la logística de escribir, sino que también elegía *qué* escribir de manera estratégica. Escogía con mucho cuidado las palabras para cualquier concurso. Su hija, Terry, recuerda cómo Evelyn enfrentaba la labor:

> Como ella siempre decía, concursar requería de más que recolectar tapas de cajas y ser ingenioso, pues se debía considerar la *forma* (algunos concursos necesitaban del uso de palabras específicas o daban puntos por el uso de palabras relacionadas con el producto en las participaciones), el *enfoque al producto* (¿estaba dirigido a las familias, a hombres jóvenes o niños?) y a los *jueces*. La agencia de publicidad contratada para juzgar el concurso siempre era para los participantes una consideración más importante que el patrocinador o el producto. Cada agencia tenía su preferencia hacia la rima o la prosa, hacia el material humorístico o en serio.[40]

Evelyn aprendió lo que gustaba y lo que no gustaba a cada agencia de publicidad que administraba los concursos, y su estrategia le sirvió bien. A través de los años ganó varias lavadoras y secadoras para su gran familia, docenas de otros aparatos grandes y pequeños, dos automóviles último modelo (los cuales vendió), cientos de pequeños premios en efectivo y dos grandes premios de cinco mil y tres mil quinientos dólares. Usó el primer gran premio en efectivo como enganche de una casa para que la familia pudiera mudarse de la vivienda alquilada de dos alcobas en la cual vivían. Usó el otro premio para liquidar una hipoteca que su esposo había obtenido en secreto (ella no se enteró sino hasta treinta días antes de que expirara).

Cuando fallar no es una opción, nada le sirve más a una persona que el pensamiento estratégico. Evelyn Ryan habría estado contenta de escribir un poema esporádico y enviarlo al periódico local, pero necesitaba hacer algo para que su familia sobreviviera. Su hija comentó: "Un esposo y un padre como mi padre nunca cambiaría; la única esperanza de la cual dependía nuestra familia era de la manera en que *ella* podía cambiar, y criar hijos sanos y además felices".[41] Y Evelyn tuvo éxito, pues no solo mantuvo a flote a su familia, sino que los ayudó a ser exitosos. Siete de sus hijos se graduaron de la universidad, uno obtuvo un doctorado y otro un título en leyes.

Cuando fallar no es una opción,
nada le sirve más a una persona que
el pensamiento estratégico.

Planee su vida, viva su plan

Aunque nunca he tenido que enfrentar las situaciones difíciles por las que Evelyn Ryan pasó, he liberado el poder del pensamiento estratégico; por ejemplo, soy muy estratégico con la idea de la administración del tiempo. He observado que la mayoría de las personas intenta planear su vida un día a la vez; despiertan, hacen su lista de pendientes y entran en acción (aunque algunas personas ni siquiera llegan a ser *tan* estratégicas).

Son menos los individuos que planean sus vidas una semana a la vez, revisan su calendario para la semana, verifican sus citas, revisan sus metas y van a trabajar. Por lo general, estos individuos logran más que sus colegas quienes planean diariamente. Yo intento llevar la planeación un paso más adelante.

Al principio de cada mes, paso la mitad de un día trabajando en mi calendario para los siguientes cuarenta días. Cuarenta días funciona mejor para mí que solo treinta; de ese modo, logro adelantarme al mes siguiente para no ser sorprendido (también realizo una sesión anual de planeación, pero le hablaré de ello en la sección que trata sobre el pensamiento reflexivo). Comienzo revisando mi agenda de viajes y planeando actividades con mi familia; después, reviso qué proyectos, lecciones y otros objetivos quiero lograr durante esas cinco a seis semanas; posteriormente comienzo a apartar días y bloques de tiempo para pensar, escribir, trabajar, reunirme con personas, etc. Establezco tiempos para hacer cosas divertidas tales como ver un espectáculo, un juego de pelota o jugar golf. También aparto pequeños bloques de tiempo para compensar imprevistos. Para el momento cuando termino, casi puedo saber todo lo que haré hora tras hora durante las semanas siguientes. Esta estrategia es una de las razones por las cuales he logrado mucho.

Por qué debería liberar el poder del pensamiento estratégico

El pensamiento estratégico me ayuda a planear, a volverme más eficiente, a llevar al máximo mis capacidades y a encontrar el camino más directo para alcanzar cualquier objetivo. Los beneficios del pensamiento estratégico son muchos; las siguientes son algunas de las razones por las cuales debería adoptarlo como una de sus herramientas de pensamiento:

1. El pensamiento estratégico simplifica lo difícil

En realidad, el pensamiento estratégico no es nada más que una planeación aumentada. El escritor español Miguel de Cervantes dijo: "El hombre preparado ha peleado la mitad de la batalla". El pensamiento estratégico toma problemas complejos y objetivos a largo plazo los cuales pueden ser muy difíciles de abordar, y los desglosa en tamaños manejables. ¡Todo se vuelve más simple cuando tiene un plan!

El pensamiento estratégico también puede ayudarlo a simplificar el manejo de la vida diaria. Yo lo hago con el uso de

"El hombre preparado ha peleado la mitad de la batalla".
—Miguel de Cervantes

sistemas, los cuales no son otra cosa que la repetición de buenas estrategias. Soy bien conocido entre los pastores y otros oradores por mi sistema de archivo. Escribir una clase o un discurso puede ser difícil, pero ya que uso mi sistema para archivar citas, historias y artículos; cuando necesito ejemplificar algo o ilustrar un punto, simplemente voy a uno de mis mil doscientos archivos y encuentro un buen trozo de material que sea útil.

En mi vida diaria uso sistemas para todo. Tengo un sistema para entrar y salir de los aeropuertos con rapidez y eficiencia, en mi auto escucho al menos siete cintas de adiestramiento a la semana. Cuando voy a reuniones, llevo conmigo a personas que necesitarán llevar la estafeta después; así, son raras las veces en las cuales debo repetir la información o las instrucciones. Llevo proyectos conmigo en los aviones, y libros a las salas de espera. Mi esposa y yo tenemos un sistema para ir de compras de modo que si nos separamos y debemos encontrarnos, podemos localizarnos en cinco minutos—aún en un área de varias cuadras—sin tener que estar parados esperando. Cualquier tarea difícil puede hacerse más simple con el pensamiento estratégico.

2. El pensamiento estratégico provoca que haga las preguntas indicadas

¿Quiere desglosar los asuntos complejos o difíciles? Entonces haga preguntas. El pensamiento estratégico lo forzará a pasar por este proceso; dé un vistazo a las siguientes preguntas desarrolladas por mi amigo Bobb Biehl, autor de *Masterplanning* (*haga un plan maestro*).

- *Dirección:* ¿Qué debo hacer después? ¿Por qué?
- *Organización:* ¿Quién es responsable de qué? ¿Quién es responsable de quién? ¿Tenemos a las personas indicadas en los lugares indicados?
- *Efectivo:* ¿Cuál es nuestro ingreso estimado, los gastos y el ingreso neto? ¿Podemos costearlo? ¿Cómo podremos costearlo?

- *Evaluación general:* ¿Estamos alcanzando la calidad que esperamos y exigimos de nosotros mismos?
- *Refinamiento:* ¿Cómo podemos ser más efectivos y eficientes (¡avanzar hacia el ideal!)? [42]

Estas podrían no ser las únicas preguntas que necesite responder para comenzar a formular un plan estratégico, pero definitivamente son un buen comienzo.

3. *El pensamiento estratégico provoca la adaptación*

El general George S. Patton hizo la observación: "Los generales exitosos hacen que los planes se ajusten a las circunstancias; no intentan crear circunstancias que se ajusten a los planes". El 19 de diciembre de 1945, Patton, el general al mando Dwight Eisenhower y los generales Bradley y Devers se reunieron en Verdún para discutir cómo combatir la última gran contraofensiva de la segunda guerra mundial, conocida históricamente como la batalla del Bulge. Se necesitaba rescatar a la "División Aerotransportada 101" y hacerlo rápidamente.

Se decidió que Patton debería atacar el flanco sur del Bulge con su tercer ejército. Patton tenía tres divisiones a su disposición y había calculado que en cuatro días estaría listo para llevar a cabo su contraofensiva. Eisenhower tenía un punto de vista diferente. Patton recuerda:

> El general Eisenhower había indicado que yo debería esperar hasta tener al menos seis divisiones. Le dije que en mi opinión, un ataque rápido con tres era mejor que esperar a seis; en especial cuando no sabía de dónde obtendría las otras tres.[43]

Eisenhower aceptó en permitir que Patton atacara, lo cual hizo un día antes de lo previsto. El general Bradley llamó a las acciones de Patton en el conflicto como: "Una de las proezas tácticas más asombrosas de nuestra campaña en occidente".[44] Como resultado, los aliados contuvieron a las fuerzas alemanas, derrotaron su contraofensiva y llevaron la guerra a su fin en un tiempo menor del que hubiera requerido otro curso de acción.

Todos los buenos pensadores estratégicos son precisos en su pensamiento e intentan igualar su estrategia al problema, porque la estrategia no es una proposición de talla única. El pensamiento descuidado o generalizado es un enemigo del logro. La intención de adaptación, en el pensamiento estratégico, obliga a las personas a ir más allá de ideas vagas, y a entrar en acción de maneras específicas para realizar una tarea o problema; esta manera de pensar agudiza la mente.

4. *El pensamiento estratégico lo prepara hoy para un mañana incierto*

Peter Duckert, padre de la administración moderna explica la importancia del pensamiento estratégico. Él dice:

> La planeación estratégica es necesaria precisamente porque no podemos pronosticar (...) la planeación estratégica no tiene que ver con las decisiones futuras; trata con el impacto que tendrán a futuro las decisiones del presente. Las decisiones sólo existen en el presente, la pregunta que enfrenta quien toma decisiones de forma estratégica no es lo que habrá de hacer mañana su organización, sino: "¿Qué debemos hacer hoy con el fin de estar listos para un mañana incierto?"

El pensamiento estratégico es el puente que une el lugar en el cual se encuentra y aquél en el cual le gustaría estar. Da dirección y credibilidad en la actualidad y aumenta su potencial de éxito para el mañana. Como Mary Webb sugiere, es como ensillar los sueños antes de montarlos.

5. El pensamiento estratégico reduce el margen de error

En cualquier momento en el cual realice acciones apresuradas o reaccione con excesiva rapidez, aumenta su margen de error. Es como un golfista que se acerca a una pelota de golf y la golpea antes de alinearse para el tiro. Alinear mal un tiro por tan solo unos grados puede alejar la pelota cien metros del objetivo; sin embargo, el pensamiento estratégico reduce en gran medida ese margen de error, alinea sus acciones con sus objetivos de la misma manera en la cual alinear un tiro en el golf sirve para acercar la pelota al banderín. Mientras mejor alineado esté a su objetivo, mayores serán las probabilidades de que vaya en la dirección correcta.

El pensamiento estratégico es el puente
que une el lugar donde usted está
con aquél donde quisiera estar.

6. El pensamiento estratégico le da influencia con los demás

Un ejecutivo le confió a otro: "Nuestra compañía tiene un plan a corto plazo y uno a largo plazo. El de corto plazo es mantenernos a flote lo suficiente como para llegar al plan a largo plazo". Difícilmente se puede considerar a lo anterior como una estrategia; sin embargo, esa es la posición en la cual se colocan algunos líderes de negocios, y con ello no sólo fracasan en construir el negocio, sino que también pierden el respeto de todos los involucrados en él.

Quien tiene el plan es quien tiene el poder, sin importar la clase de actividad que desempeñe. Los empleados quieren seguir al líder de negocios que tenga un buen plan; los voluntarios quieren unirse al pastor que tenga un buen plan de ministerio. Si usted practica el pensamiento estratégico, otras personas lo escucharán y querrán seguirlo. Si usted posee una posición de liderazgo en una organización, el pensamiento estratégico es esencial.

Cómo liberar el poder del pensamiento estratégico

Para convertirse en un mejor pensador estratégico capaz de formular e implementar planes que alcanzarán el objetivo deseado, adopte a conciencia las siguientes guías:

Quien tiene el plan es quien tiene el poder.

1. Desglose el asunto

Mi amigo Robert Schuller, fundador de la Catedral de Cristal, dice: "Metro a metro, la vida es dura, pero centímetro a centímetro es pan comido". El primer paso en el pensamiento estratégico es desglosar el asunto en partes más pequeñas y manejables para poder enfocarse en ellas con más eficiencia. Cómo hacerlo no es tan importante como solo hacerlo. Usted puede desglosar un asunto de acuerdo con la función de sus partes. Eso es lo que el innovador automotriz Henry Ford hizo cuando creó la línea de ensamblaje, y es por eso que dijo: "Nada es demasiado difícil si se le divide en labores pequeñas".

Usted también puede desglosar las cuestiones de acuerdo con el tiempo. El director de ISS, Dave Sutherland, dice que le gusta ordenar los temas de acuerdo con el calendario:

"Metro a metro, la vida es dura, pero centímetro a centímetro es pan comido".
—Robert Schuller

- *Días de la semana:* Él piensa en asuntos diarios, estableciendo prioridades y tratando con los asuntos del día.
- *Fines de semana:* Dedique tiempo para pensar sobre temas y cuestiones que afectarán los siguientes ochenta a ciento ochenta días, a lo cual llama pensar "un paso adelante".
- *Vacaciones o periodos programados de tiempo:* Los usa para desarrollar planes a largo plazo e iniciativas estratégicas que solucionarán un amplio espectro de problemas. Él lo llama "sueños corporativos", pues le parece divertido y refrescante considerar a dónde está llevando a la compañía.

El cómo desglosar un problema depende de usted; ya sea por función, por tiempo, por responsabilidad, por propósito o por algún otro método. El caso es que necesita desglosarlo. Solo una persona en un millón puede balancear todo el asunto en su mente y pensar de forma estratégica para crear planes sólidos y viables.

2. Pregunte por qué antes de cómo

Cuando la mayoría de las personas comienza a usar el pensamiento estratégico para resolver un problema o planear una manera de alcanzar un objetivo, a menudo cometen el error de comenzar a actuar e intentar imaginar de inmediato *cómo* lograrlo. En lugar de preguntar cómo, deberían preguntar primero *por qué.* Si usted busca resolver los problemas de inmediato ¿cómo conocerá todos los asuntos?

En mi primer empleo caí en esta trampa. Cuando era pastor principal, pasé la mayoría de mi tiempo trabajando en dos áreas: consejería y administración (me gradué de la universidad con una subespecialidad en consejería.) Así que de inmediato comencé a buscar maneras de administrar esas actividades, pero, ¿sabe en que áreas carecía de cualquier talento o deseo? ¡Consejería y administración! Pasé ochenta por ciento de mi tiempo en áreas de debilidad porque nunca me detuve a preguntar *por qué*. Los pensadores estratégicos sólidos siempre saben que a menos que las personas trabajen para corregir o reforzar un área que necesite disciplina, siempre deben pasar la mayor parte de su tiempo trabajando en desarrollar sus áreas fuertes.

Eugene G. Grace dice: "Miles de ingenieros pueden diseñar puentes, calcular tensiones y presiones y dibujar especificaciones para máquinas, pero el gran ingeniero es el hombre que puede decir si el puente o la máquina debe construirse, dónde debe construirse y cuándo". Preguntar *por qué* lo ayuda a pensar en todas las razones para tomar decisiones. Ayuda a abrir su mente a posibilidades y oportunidades. Con frecuencia, el tamaño de una oportunidad determina el nivel de recursos y esfuerzo que debe invertir. Las oportunidades permiten que existan las grandes decisiones; sin embargo, si usted salta demasiado rápido al cómo, podría perderse de ello.

3. Identifique los problemas y objetivos reales

William Feather, autor de *The Business of Life* (*El negocio de la vida*) dijo: "Antes de poder resolverse, el problema debe estar definido con claridad". Qué cierto es eso, identificar el problema siempre es el problema. Creo que demasiadas personas se apresuran a buscar soluciones, y como resultado terminan resolviendo el problema equivocado. ¿Cómo se evita eso? Al hacer preguntas para sondear en un esfuerzo para exponer los problemas reales; al retar todas sus suposiciones; al reunir información aún después de que crea haber identificado el problema (podría tener que actuar con datos incompletos de todas maneras, pero

"Antes de poder resolverse, el problema
debe estar definido con claridad".
—William Feather

no querrá llegar a una conclusión con demasiada rapidez antes de reunir la información suficiente para comenzar a identificar el problema real). Comience preguntando: *¿Qué más podría ser parte del problema real?*

Usted también podría eliminar cualquier objetivo personal, el cual pueda nublar su juicio más que otra cosa. El ex director de General Electric, Jack Welch, dice:

> La estrategia es primero intentar entender dónde te encuentras en el mundo actual, no dónde desearías estar, sino donde estás; después, es intentar entender a dónde quieres llegar dentro de cinco años; y, finalmente, es evaluar las posibilidades realistas de llegar de este punto a aquél.

Una de las partes más importantes de la batalla es descubrir nuestra situación y objetivos reales. Una vez los asuntos reales se encuentran identificados, con frecuencia las soluciones son sencillas.

4. *Revise sus recursos*

Ya mencioné lo importante que es estar consciente de sus recursos, pero vale la pena repetirlo. Una estrategia que no toma en cuenta los recursos está condenada a fallar. Elabore un inventario: ¿De cuánto tiempo dispone?, ¿de cuánto dinero?, ¿qué clase de materiales, suministros o existencias posee?, ¿cuáles son sus demás activos?, ¿qué responsabilidades u obligaciones entrarán en juego?, ¿qué personas en el equipo pueden tener un impacto? Usted conoce a su propia organización así como su profesión, averigüe qué recursos tiene a su disposición.

Una estrategia que no toma en cuenta los recursos está condenada a fallar.

5. Desarrolle su plan

El cómo enfrente el proceso de planeación depende en gran medida de su profesión y del tamaño del reto al cual planea hacer frente, así que es difícil recomendar muchos detalles específicos. Sin embargo, Rob Smith, autor de *The 7 Levels of Change: The Guide to Innovation in the World's Largest Corporations* (*Los siete niveles del cambio: La guía para la innovación en las corporaciones más grandes del mundo*), tiene un buen consejo que creo le será útil. Como lo sugiere el título del libro, él esboza siete tipos de cambio, los cuales pueden impulsarlo en su proceso de planeación:

Nivel 1: Efectividad; hacer lo correcto.
Nivel 2: Eficiencia; hacer bien lo correcto.
Nivel 3: Mejora; hacer mejor las cosas.
Nivel 4: Eliminación; deshacerse de algunas cosas.
Nivel 5: Adaptación; hacer las cosas que otras personas están haciendo.
Nivel 6: Diferencia; hacer cosas que nadie más hace.
Nivel 7: Imposible; hacer cosas que no puedan hacerse.

Sin importar cómo sea su planeación, tome este consejo: comience con lo obvio. Cuando haga frente a un problema o plan de ese modo, habrá unidad y consenso en el equipo, porque todos verán lo que deban ver. Los elementos obvios generan un impulso mental e inician la creatividad y la intensidad. La mejor manera de crear un camino hacia lo complejo es construir sobre lo fundamental.

6. Coloque a las personas indicadas en los lugares indicados

Es de vital importancia que usted incluya a su equipo como parte de su pensamiento estratégico. Antes de poder implementar su plan, debe asegurarse de tener a las personas en el lugar correcto. Aun el mejor pensamiento estratégico no lo ayudará, si no considera a las personas como parte de la ecuación. Observe lo que podría ocurrir si sus cálculos fallan:

Persona equivocada: problemas en vez de potencial.
Lugar equivocado: frustración en vez de realización.
Plan equivocado: angustia en vez de crecimiento.

Sin embargo, todo encaja cuando reúne los tres elementos: la persona, el sitio y el plan indicado.

7. Siga repitiendo el proceso

Mi amigo Olan Hendrix hizo la observación: "El pensamiento estratégico es como bañarse, hay que hacerlo constantemente". Si espera resolver cualquier problema importante una sola

"El pensamiento estratégico es como bañarse, hay que hacerlo constantemente".
—Olan Hendrix

vez, seguramente se decepcionará. Acciones pequeñas, tales como archivar o comprar de manera sistemática pueden lograrse a través de sistemas y de disciplina personal; pero cuestiones mayores necesitan un mayor tiempo de pensamiento estratégico. Lo que Thane Yost dijo es muy cierto: "La voluntad de ganar es inútil si no tienes la voluntad de prepararte". Si usted desea ser un pensador estratégico efectivo, entonces necesitará pensar constantemente de esa manera.

Mientras trabajaba en este capítulo encontré un artículo en mi diario local acerca de la celebración de la Pascua judía y de cómo millones de judíos norteamericanos leen la orden del servicio para el *seder* o la comida de Pascua de un pequeño folleto producido por "Maxwell House Coffee". Por más de setenta años, la compañía de café ha producido el folleto, llamado *Haggada*, y durante esos años ha distribuido más de cuarenta millones de copias de él.

—Recuerdo haberlos usado toda mi vida —dice Regina Witt de cincuenta años, al igual que su madre, de casi noventa años—. Es nuestra tradición, creo que sería muy extraño no usarlos.[45]

Así que, ¿cómo fue que "Maxwell House" llegó a suministrar los folletos? Fue producto del pensamiento estratégico. Hace ochenta años, Joseph Jacobs, dedicado al mercadeo, sugirió que la compañía podría vender café durante la Pascua si un rabino certificaba el producto como *kosher* [nota del traductor: *kosher* palabra en yiddish del hebreo *kasher* que significa *apropiado*, o sea: apropiado para la dieta judía] (desde 1923, Maxwell House Coffee ha tenido la certificación kosher para la Pascua). Después, él mismo sugirió que si repartían los folletos Haggada, podrían aumentar las ventas.[46] Desde entonces han producido los folletos (y han vendido café durante esa fiesta). Eso es lo que puede ocurrir cuando se libera el poder del pensamiento estratégico.

"La voluntad de ganar es inútil si no tienes la voluntad de prepararte".
—Thane Yost

REGUNTA DE REFLEXIÓN

*¿Estoy poniendo en práctica planes estratégicos
que me den dirección en el presente y
aumenten mi potencial para el futuro?*

Ponga en práctica el pensamiento estratégico

1. ¿Habrá perdido oportunidades por haber preguntado con demasiada rapidez *cómo*, en lugar de *por qué*? Piense en un gran objetivo para el cual se encuentre haciendo planes. Aparte una hora diaria por una semana para hacerse únicamente preguntas relacionadas al *por qué* de su objetivo. En algún momento puede invitar a personas a realizar lluvias de ideas con usted, pero pase la mayoría del tiempo pensando usted solo. Esté especialmente alerta ante cualquier oportunidad que no haya visto aún.

2. ¿Qué se encuentra haciendo en la actualidad que no sea estratégico para usted? Podría estar pasando más horas de las debidas trabajando en áreas de debilidad, tal como yo lo hice en mi primer empleo. Tome algo de tiempo para crear un inventario de sus puntos fuertes y después compárelo con su agenda y con su lista de pendientes (o con una bitácora en la que lleve un registro de sus actividades durante un mes). Si sus talentos y recursos no concuerdan con sus actividades, entonces necesita dedicar algo de tiempo de pensamiento estratégico para descubrir cómo poder hacer una transición.

Áreas fuertes	% de tiempo

3. Si usted tiene antecedentes de diagnosticar problemas erróneamente y de aplicarles las soluciones equivocadas, necesita
   pasar más tiempo con un buen pensador estratégico. Encuentre a personas cuya sabiduría y discernimiento admire, quienes tengan un historial de problemas resueltos con éxito y pase
   algún tiempo con ellos. Pida que le permitan ser observador
   en una reunión dedicada a resolver problemas, lléveles sus
   problemas para hacer sesiones de lluvia de ideas. El objetivo
   es aprender cómo piensan, para que usted pueda comenzar a
   desarrollar estrategias similares de pensamiento. ¿Con quién
   le gustaría más reunirse?

   _____

   _____

   _____

4. Cree un horario para pensar, similar al que usa Dave Sutherland, dedique bloques específicos de tiempo para asuntos
   específicos. No olvide desglosarlos para poder concentrarse
   efectivamente en ellos.

Técnica 6

Sienta la energía del pensamiento de posibilidades

> "Nada es tan vergonzoso como ver a alguien haciendo algo que dijiste que no podría hacerse".
> —SAM EWING

¿En qué estaban pensando?

> "Son multiusos; no sólo colocan los clips, también los quitan".
> —EXPLICACIÓN DE UN CONTRATISTA SOBRE LOS ALICATES DE MIL DÓLARES QUE VENDIÓ A LA FUERZA AÉREA

En 1975, el cineasta George Lucas fue a ver a Doug Trumbull, el hombre con la mejor reputación en efectos especiales de Hollywood. Trumbull fue el experto que trabajó en *2001: Odisea del espacio*, la primera película que dio al viaje espacial una sensación y apariencia reales. Lucas era joven y relativamente inexperto; solo había hecho dos largometrajes para su lanzamiento en la pantalla grande, pero había probado su talento en la industria al escribir y dirigir *American Graffiti*, la cual recibió aclamación de la crítica y logró grandes ganancias financieras.

Lucas ya tenía una visión para la nueva película que deseaba realizar. Sería una historia de ciencia ficción que podría ser, en parte de aventuras de espadachines, en parte gesta artureana y parte enfrentamiento estilo viejo oeste; todo en uno. En sus propias palabras, Lucas dijo: "Es ciencia ficción. El género de Flash Gordon, donde *2001* se encuentra con James Bond, en el espacio exterior y con naves espaciales que vuelan en él".[47] Lucas recurrió a Trumbull porque quería crear escenas con naves a gran velocidad que zumbaran por el espacio de la misma manera en la cual se filma a los aviones en un combate aéreo; algo que jamás se había hecho. Hasta ese momento, las películas sobre el espacio se parecían a *Viaje a las estrellas*, un programa televisivo técnicamente poco sofisticado; o a la realista pero lenta *2001*.

El autor y cineasta Thomas G. Smith, quien ha dirigido unidades de efectos especiales en Hollywood dice: "Los creadores experimentados de efectos especiales no tomaron en serio a George, le dijeron que un movimiento tan rápido crearía un efecto de parpadeo en la pantalla".[48] En otras palabras, le dijeron al joven Lucas que era técnicamente imposible y que no podría hacerse, después se despidieron de él.

Ver es creer

Lucas no se rendiría, aun después de que un "experto" en el campo lo rechazara. En su mente podía *ver* lo que quería, creía que podía hacerse, aunque nunca se había intentado. John Dykstra, un joven cineasta que había trabajado con Trumbull, también creyó en la visión de Lucas. Tampoco sabía cómo podría hacerse, pero quería ir tras la posibilidad. Lucas lo contrató y creó su propia compañía de efectos especiales para crear las imágenes que quería, la llamó Industrial Light and Magic.

Dykstra, quien tenía algo de experiencia usando computadoras mientras filmaba, comenzó a reunir un equipo de técnicos; juntos, diseñaron y construyeron un estudio en el cual comenzaron a ensamblar e inventar la tecnología necesaria para hacer posible lo imposible. Por medio del buen pensamiento, trabajaron casi dos años haciendo pruebas y cometiendo errores hasta que consiguieron lo que Lucas deseaba. El resultado fue la película *Star*

Wars (*La guerra de las galaxias*). En ese tiempo, fue la película más innovadora tecnológicamente que jamás se hubiera hecho, y también la más rentable.

Star Wars le dió una visión personal a Lucas, pues cuando la terminó en 1977, nunca pensó que tendría un gran éxito, solo esperaba recaudar el suficiente dinero para financiar la secuela. Él comenta:

> Creí que era demasiado disparatada para el público en general. (...) Simplemente me dije: "Bien, ya tuve mi gran éxito [con *American Graffiti*] y estoy contento, haré esta clase de locuras y me divertiré, eso será todo".[49]

Al producir dinero con la película (montones de dinero) se dio cuenta que podría terminar las demás películas de *Star Wars* que había previsto; e Industrial Light and Magic (ILM), la compañía que formó sólo para hacer los efectos especiales de *Star Wars*, sería necesaria para ayudarle a crear las demás películas; sin embargo, pronto ILM creció para convertirse en algo más. Se convirtió en la compañía que lograba dar vida las visiones de otros cineastas; hacía que las posibilidades que tenían en mente fueran posibles. Scott Ross, vicepresidente de ILM y gerente general, dice: "Decimos a los directores y escritores que no escriban sus guiones con base en lo que entienden de la tecnología, [en cambio] que sean libres y aprovechen su espíritu creativo".[50]

Industrial Light and Magic ha establecido la norma para los efectos especiales en las últimas dos y media décadas. Ha producido efectos especiales para ocho de las diez películas más importantes de todos los tiempos; y en el proceso, ha ganado doce premios de la academia. Pero más que nada, es la herramienta de George Lucas para ayudarlo a realizar su visión. La tecnología sigue su avance y los efectos se vuelven cada vez más sofisticados; sin embargo, las capacidades de la compañía nunca sobrepasan las posibilidades que Lucas ve en su mente. Él revela:

Si miras la escena de *Jabba the Hutt* en *The Return of the Jedi* (*El regreso del Jedi*) [la tercera película de la serie], piensas: "Oh, ahí es donde él hubiera querido que estuviese la cantina en *Star Wars*". O ves la batalla del final y dices: "Oh, así es como debería de ser la batalla final en la primera." Pero en ese momento no habríamos podido hacer esta película; es decir, simplemente no era humanamente posible o siquiera económicamente posible, así que mucho de esto ha resultado como yo quería; por fin conseguí la batalla final de la forma en que la quería.[51]

A finales de la década de 1990, mientras Lucas comenzaba a trabajar en la segunda trilogía de *Star Wars*, quería hacer de nuevo lo imposible: "Cuando comenzamos [*Episode I: The Phantom Menace* (*Episodio I: La amenaza fantasma*)], dijimos: 'Muy bien, ahora la haremos como siempre deseamos hacerla. Tenemos el dinero, tenemos el conocimiento; esta será la mejor' ".[52] Para Lucas, la mayoría de las ideas jamás se han hecho o imaginado, pues para él, todo es posible. Así es con quien practica el pensamiento de posibilidades.

¿Por qué debería sentir la energía del pensamiento de posibilidades?

Las personas que aceptan el pensamiento de posibilidades son capaces de alcanzar logros que parecen imposibles, porque creen en las soluciones. Las siguientes son varias razones por las cuales debe convertirse en un pensador de posibilidades:

1. El pensamiento de posibilidades aumenta sus posibilidades

Cuando usted cree en poder hacer algo difícil, y tiene éxito, se abren muchas puertas. Cuando George Lucas tuvo éxito en realizar Star Wars, se abrieron muchas otras posibilidades para él. Industrial Light and Magic se convirtió en una fuente de ingresos para ayudar a garantizar sus propios proyectos; fue capaz de crear productos relacionados con sus películas, lo cual le brindó otra fuente de recursos para financiar sus filmes. Pero su confianza de hacer lo difícil ha tenido un gran impacto en otros directores y en toda una nueva generación de personas que asisten a las salas de cine.[53] El escritor de cultura de masas Chris Salewicz, afirma: "Al principio, directamente a través de su propio trabajo y después por medio de la influencia sin paralelo de ILM, George Lucas ha dictado por dos décadas la noción amplia y esencial de lo que es el cine".[54] Si usted se abre al pensamiento de posibilidades, se abre a muchas otras probabilidades.

Si usted se abre al pensamiento de posibilidades, se abre a muchas otras probabilidades.

2. El pensamiento de posibilidades atrae oportunidades y personas hacia usted

El caso de George Lucas nos ayuda a ver cómo el ser un pensador de posibilidades puede crear nuevas oportunidades y atraer personas. Si Lucas no hubiese creído que Star Wars era posible y si, además, no la hubiese llevado a cabo, habría realizado pocos de sus demás filmes; en tal caso, no habrían sido posibles las películas más rentables y de mayor influencia de los últimos veinte años, en cuyo proceso trabajaron para él, en Industrial Light and Magic, algunas de las personas más talentosas del mundo. De hecho, en una industria en la cual las personas creativas usualmente se mantienen trabajando de manera independiente, como colaboradores externos, o que al terminar su trabajo se van a trabajar con otra persona, Lucas ha logrado reunir un equipo de profesionales que han escogido quedarse con él.

Quienes conciben grandes pensamientos atraen a grandes personas hacia ellos; si usted quiere alcanzar grandes logros, necesita convertirse en un pensador de posibilidades.

3. El pensamiento de posibilidades aumenta las posibilidades de los demás

Los grandes pensadores, quienes hacen que los hechos sucedan, también crean posibilidades para los demás, lo cual ocurre en parte porque es contagioso. Es inevitable volverse más confiado e idear pensamientos más grandes al encontrarse cerca de pensadores de posibilidades; pero, además, esta técnica también tiene un impacto en los demás en maneras más directas.

Lo que ocurrió en Atlanta, Georgia, en 1987 es un buen ejemplo: un abogado de bienes raíces llamado Billy Payne pensó que sería posible llevar los juegos olímpicos a Atlanta. Muchas personas le dijeron que no podría hacerse. Payne dice que al principio: "La idea fue vista como algo ecléctica, escandalosa e imposible, una buena idea, la cual nunca se realizaría".[55] Pero Payne no se desanimó, siguió creyendo y trabajando en ella, y desde luego, en 1996, los juegos olímpicos de verano se celebraron en Atlanta, lo cual produjo un gran impacto en la ciudad y sus habitantes, un impacto que aún continúa. Una vez que la ciudad fue sede de un evento internacional de la magnitud de los juegos olímpicos, las personas en Atlanta se dieron cuenta de que las demás posibilidades eran infinitas.

4. El pensamiento de posibilidades le permite tener grandes sueños

Sin importar cual sea su profesión, el pensamiento de posibilidades puede ayudarlo a expandir sus horizontes y concebir sueños mayores. El profesor David J. Schwartz cree que: "Los grandes pensadores son especialistas en crear imágenes positivas, ambiciosas y optimistas en su propia mente y en la mente de los demás".

"Los grandes pensadores son especialistas en crear imágenes positivas, ambiciosas y optimistas en su propia mente y en la mente de los demás".
—David J. Schwartz

En 1970, cuando tenía veintitrés años de edad, leí un libro que tuvo un gran impacto en la manera en que sueño, se llamaba *Move Ahead with Possibility Thinking* (*Avance con el pensamiento de posibilidades*) por Robert Schuller. Cuando era un joven pastor en mi primera iglesia, me emocionaba leer sobre la manera en la cual Schuller superó circunstancias aparentemente imposibles para construir una iglesia enorme en Garden Grove, California. Al leer las palabras siguientes, mi mundo cambió: "Las iglesias más grandes aún están por fundarse".

Cuando niño, yo era una persona positiva, después de todo, había crecido en el hogar de un padre quien se había enseñado a sí mismo a pensar de esa manera; sin embargo, el libro de Schuller tuvo un gran impacto en mi vida. El día en que leí esas palabras, mis sueños más descabellados parecieron sosos. Si usted acoge el pensamiento de posibilidades, sus sueños pasarán del tamaño de un montículo de topo al de una montaña y cuando usted crea en las posibilidades estará en posición de alcanzar esos sueños.

5. El pensamiento de posibilidades hace posible elevarse por encima del promedio

Durante la década de los setenta, cuando se dispararon los precios del petróleo, se ordenó a los fabricantes de automóviles que hicieran más eficientes sus carros en lo que respectaba al consumo de combustible. Un fabricante pidió a un grupo de ingenieros experimentados que redujeran drásticamente el peso de los autos que diseñaban. Trabajaron en el problema y buscaron soluciones, pero finalmente llegaron a la conclusión de que no era posible fabricar autos más ligeros pues sería demasiado costoso y presentaría muchas dificultades de seguridad, era obvio que no podían salir del estancamiento con su forma de pensar estándar.

¿Cuál fue la solución del fabricante de autos? Le encargó el problema a un grupo de ingenieros con menos experiencia. El nuevo grupo encontró maneras de reducir en cientos de kilogramos el peso de los automóviles. Como ellos pensaron que resolver el problema era posible, lo fue. Cada vez que retire la etiqueta de

"imposible" de una tarea, su potencial dejará la línea del promedio y se saldrá completamente de lo común.

6. *El pensamiento de posibilidades le da energía*

Thomas Fuller, capellán del rey Carlos II de Inglaterra comentó: "La verdadera diferencia entre los hombres es la energía. Una
voluntad fuerte, un propósito establecido y una determinación
invencible pueden lograr casi cualquier cosa, y en esto está lo que
separa a los grandes hombres de los pequeños".

Existe una correlación directa entre el pensamiento de posibilidades y el nivel de energía de una persona. ¿Quién se siente vigo-
rizado a la espera de perder? Si usted sabe que algo no puede tener
éxito, ¿cuánto tiempo y energía está dispuesto a darle? Nadie va
en busca de una causa perdida. Uno invierte su vida en lo que cree
que puede tener éxito. Al acoger el pensamiento de posibilidades,
usted cree en lo que está haciendo, lo cual le da energía.

**Uno invierte su vida en lo que
cree que puede tener éxito.**

7. *El pensamiento de posibilidades evita que se rinda*

Sobre todas las cosas, los pensadores de posibilidades creen
que pueden tener éxito. Denis Waitley, autor de *The Psychology
of Winning* (*La psicología de ganar*), dice: "En la vida, los ganadores piensan constantemente desde el punto de vista de 'Puedo,
lo haré y soy'; por otro lado, los perdedores concentran sus pensamientos en lo que debieron haber hecho o en lo que no pueden
hacer". Si usted cree que puede hacer algo, ya ha ganado buena
parte de la batalla, si usted cree no poder, entonces no importa
cuanto lo intente, porque ya habrá perdido.

Una persona que demostró ser un gran pensador de posibilidades en el 2001, fue el alcalde de Nueva York Rudy Giuliani.

Durante las horas siguientes a la tragedia del World Trade Center, Giuliani no solo dirigió a la ciudad en medio del caos y el desastre, sino que inspiró confianza en todos los que tocaba; después, brindó una nueva luz y una nueva perspectiva sobre esta experiencia:

> Estaba tan orgulloso de las personas a quienes vi en la calle. No había caos, pero estaban asustados y confundidos y me parecía que necesitaban escuchar de mi corazón a dónde creía yo que nos dirigíamos. Intentaba pensar: *¿De dónde puedo obtener una comparación para esto; alguna lección acerca de cómo manejarlo?* Así que comencé a pensar en Churchill, en que teníamos que volver a levantar el ánimo de la ciudad, ¿y qué mejor ejemplo que Churchill y los habitantes de Londres durante la guerra de 1940, quienes tuvieron que mantener en alto su ánimo durante el continuo bombardeo? Fue un pensamiento consolador.[56]

Dieciséis horas después de que los aviones se estrellaran contra los edificios en la ciudad de Nueva York, cuando Giuliani, el alcalde de la ciudad, regresó al fin a las 2:30 de la mañana a su departamento para descansar, en vez de dormir, leyó parte de una nueva biografía de Winston Churchill, los capítulos sobre la segunda guerra mundial. Leyó cómo ayudó a su gente a ver las posibilidades y a mantenerse en pie; inspirado, Giuliani hizo lo mismo por su propia gente seis décadas después.

Cómo sentir la energía del pensamiento de posibilidades

Si usted es una persona positiva por naturaleza, que acoge el pensamiento de posibilidades, entonces ya se encuentra en sintonía conmigo; sin embargo, algunas personas son escépticas o negativas por naturaleza, creen que los pensadores de posibilidades son ingenuos o necios. Si su pensamiento tiende a lo pesimista, permítame hacerle unas preguntas: ¿Cuántas personas altamente exitosas conoce que sean continuamente negativas?, ¿Cuántos pensadores de imposibilidades conoce que hayan obtenido grandes logros? ¡Ninguno!

Las personas con una mentalidad de "no puede hacerse" tienen dos elecciones: Pueden esperar lo peor y experimentarlo constantemente, o pueden cambiar su manera de pensar. Eso fue lo que hizo George Lucas quien, aunque no lo crea, a pesar de ser un pensador de posibilidades, no es una persona positiva por naturaleza; dice: "Soy muy escéptico, y como resultado, creo que la defensa que tengo en contra de ello es ser optimista".[57] En otras palabras, él elige pensar de forma positiva y lo resume de esta manera: "Tan cursi como suena, el poder del pensamiento positivo puede lograr mucho. La determinación y el pensamiento positivo combinados con talento y el conocimiento de tu oficio (...) lo cual puede sonar un punto de vista ingenuo, pero a la vez, me ha funcionado y le ha funcionado a todos mis amigos; por lo cual he llegado a creerlo".[58]

Si usted quiere que el pensamiento de posibilidades trabaje para usted, entonces comience siguiendo estas sugerencias:

1. Deje de concentrar su atención en las imposibilidades

El primer paso para convertirse en un pensador de posibilidades es que deje de buscar y fijarse en lo malo de cualquier situación dada. El psicólogo deportivo Bob Rotella comenta: "Les digo a las personas: si no quieres pensar de manera positiva, está bien, solo elimina los pensamientos negativos de tu mente, y lo que reste estará bien".

"Yo les digo a las personas: si no quieres pensar de manera positiva, está bien, sólo elimina los pensamientos negativos de tu mente, y lo que sobre estará bien".
—Bon Rotella

Si el pensamiento de posibilidades le es nuevo, deberá entrenarse a sí mismo para eliminar las voces negativas que podría estar escuchando en su mente. Cuando comienza automáticamente a hacer una lista de todo lo que puede salir mal y de todas las razones por las cuales algo no puede hacerse, deténgase y diga: "No vayas ahí", y pregunte: "¿qué es lo bueno de esto?" Lo cual lo ayudará a comenzar. Si la negatividad es un problema verdaderamente grande para usted y si palabras negativas salen de su boca mucho antes de haberlas pensado con detenimiento, necesita de la ayuda de un amigo o miembro de su familia para alertarlo en cada ocasión en la cual emita ideas negativas.

2. Manténgase alejado de los "expertos"

Los supuestos expertos son quienes logran derribar los sueños de las personas más que nadie. En el libro *Future Edge* (*límite futuro*), Joel Baker relata algunas afirmaciones hechas por expertos, las cuales ahora parecen cómicas. Estas observaciones ponen de relieve que la experiencia no evita que alguien subestime un sueño. Considere los siguientes comentarios junto con las fechas en las cuales se hicieron:

- "El fonógrafo no tiene valor comercial."
  Thomas Edison, hablando de su propia invención
  en 1880.
- "No hay probabilidad alguna de que el hombre logre
  aprovechar el poder del átomo." Robert Millikan,
  premio Nobel de física en 1920.
- "Es un sueño ocioso imaginar que los automóviles
  tomarán el lugar de los trenes en el traslado
  de pasajeros en largas distancias." Congreso
  Estadounidense de Caminos, 1913.
- "Creo que existe un mercado mundial para alrededor
  de cinco computadoras." Thomas Watson, director
  de IBM, 1943.

- "No hay razón para que algún individuo tenga una computadora en su hogar." Ken Olsen, presidente de la Digital Equipment Corporation (corporación de equipo digital), 1977.[59]

No lo olvide, los expertos en efectos especiales le dijeron a Lucas que no podían hacerse las imágenes que deseaba crear.

"La palabra imposible no existe en mi diccionario".
—Napoleón Bonaparte

Los pensadores de posibilidades son muy reticentes a tachar algo como imposible. El pionero de los cohetes, Wernher von Braun, dijo: "He aprendido a usar con la mayor precaución la palabra imposible". Y Napoleón Bonaparte afirmó: "La palabra imposible no existe en mi diccionario". Sin embargo, si usted necesita el consejo de un experto, haga caso de las palabras de John Andrew Colmes, quien aseveró: "Nunca diga a un joven que algo no puede hacerse. Dios podría haber estado esperando siglos por alguien que ignora lo que es lo imposible, y pudiera hacerlo". Si usted quiere lograr algo, permítase creer que es posible, sin importar lo que los expertos puedan decir.

3. Busque posibilidades en cada situación

El convertirse en un pensador de posibilidades es más que solo negarse a ser negativo, es algo más, es buscar las posibilidades positivas sin importar las circunstancias. Cada situación puede verse mejor en potencia de lo que es en el presente. El pensamiento de posibilidades es posible aún en situaciones negativas.

Recientemente, escuché a Don Soderquist, ex presidente de Wal-Mart, contar una historia maravillosa que ilustra cómo una persona puede encontrar posibilidades positivas en cualquier situación. Soderquist fue con Sam Walton a Huntsville, Alabama, para abrir varias tiendas nuevas. Mientras se encontraba ahí, Walton sugirió que visitaran a la competencia. Y esto es lo que Soderquist dijo que había pasado:

Entramos a una [tienda], y debo decirle que era la peor tienda que he visto en mi vida, era terrible, sin clientes, sin empleados de piso, los pasillos estaban abarrotados de mercancía, había estantes vacíos, estaba sucia; era absolutamente espantosa. Él, [Walton] caminó por un lado y yo por el otro para después encontrarnos en el centro, y me dijo:

—¿Qué piensas, Don?

Le dije:

—Sam, es la peor tienda que jamás he visto en mi vida. ¿Viste los pasillos?

Me preguntó:

—Don, ¿viste el exhibidor de pantimedias?

Le respondí:

—No, no lo vi Sam, debí haber estado en un pasillo diferente que tú; no lo vi.

Él me dijo:

—Ese fue el mejor exhibidor que he visto Don. Jalé el mueble y al reverso estaba el nombre del fabricante. Cuando regresemos, quiero que llames al fabricante para que venga y se encuentre con nuestra gente de mobiliario, quiero tener ese exhibidor en nuestras tiendas, es definitivamente el mejor que he visto. Y después agregó: ¿viste los cosméticos étnicos?

Le dije:

—No, Sam, seguramente estaba exactamente junto al exhibidor de medias, porque no lo noté.

Él respondió:

—Don, ¿te das cuenta de que en nuestras tiendas tenemos poco más de un metro de cosméticos étnicos? Estas personas tienen tres y medio, definitivamente estamos en desventaja. Escribí el nombre del distribuidor de algunos de esos productos, cuando regresemos, quiero que contactes al encargado de compras de cosméticos y que traiga a estas personas, tenemos que expandir categóricamente nuestros cosméticos étnicos.

Si bien Sam Walton no me golpeó en la cabeza diciendo: "Don, ¿qué aprendiste de todo esto?", lo hizo de algún modo al buscar lo bueno, al buscar cómo mejorar en su lucha por la excelencia. Es muy sencillo salir y ver lo que los demás están haciendo mal, pero una de las características que él me mostró de la visión de un líder, la cual nunca olvidaré, es la de buscar lo bueno en lo que los demás hacen y aplicarlo.[60]

No se necesita un coeficiente intelectual de genio o veinte años de experiencia para encontrar la posibilidad en cada situación, todo lo que se requiere es la actitud correcta, la cual todos pueden cultivar.

4. Sueñe una talla más grande

Una de las mejores maneras de cultivar una mentalidad abierta a las posibilidades es obligarse a soñar en una talla más grande de lo que normalmente sueña. Seamos realistas, la mayoría de las personas tiene sueños demasiado pequeños, no piensa lo suficientemente grande. Henry Curtis aconseja: "Haz tus planes tan fantásticos como quieras, porque dentro de veinticinco años parecerán mediocres; haz tus planes diez veces más grandes de lo que planeaste en un principio y dentro de veinticinco años te preguntarás por qué no los hiciste cincuenta veces más grandes".

La personas necesitan MGAPs (metas grandes, audaces y peliagudas), como lo sostienen los autores de *Built to Last* (*hecho para durar*). Si usted se presiona para soñar de una manera más amplia, para imaginar a su organización como algo de una talla mayor, para hacer que sus metas vayan por lo menos un paso más de lo que lo hace sentirse cómodo; se sentirá forzado a crecer, lo cual lo hará creer en posibilidades mayores.

 **Una de las mejores maneras de cultivar una mentalidad abierta a las posibilidades es obligarse a soñar en una talla más grande de lo que normalmente sueña.**

5. Cuestione su estado actual

La mayoría de las personas desea que su vida mejore constantemente; sin embargo, valoran la paz y la estabilidad al mismo tiempo, olvidan con frecuencia que no es posible mejorar y seguir siendo los mismos. Crecimiento significa cambio y el cambio requiere que desafíe su estado actual. Si usted desea tener mayores posibilidades, no puede conformarse con lo que tiene en la actualidad.

Cuando usted se convierta en un pensador de posibilidades, enfrentará a muchas personas, las cuales buscarán que renuncie a sus sueños y acepte su estado actual; al encontrarlas, tome el consejo del poeta autor de las siguientes palabras:

> Ten cuidado de los reservados
> Que reciben con desaprobación cada incursión
> El mundo se detendría si fuese dirigido
> Por hombres que dicen: "No puede hacerse".[61]

Las personas exitosas se niegan a aceptar el estado actual. Una vez que comience a explorar mayores posibilidades para usted mismo, su organización o su familia y conforme otras personas comiencen a desafiarlo para hacerlo, consuélese en saber que *en este momento*, mientras lee estas palabras, otros pensadores de posibilidades en todo el país y alrededor del mundo están pensando sobre cómo curar el cáncer, desarrollar nuevas fuentes de energía, como alimentar a los hambrientos y mejorar la calidad de vida. Ellos están retando el estado actual en contra de las probabilidades, usted también debería hacerlo.

6. *Encuentre inspiración de quienes alcanzan grandes logros*

Usted puede aprender mucho sobre el pensamiento de posibilidades al estudiar a quienes han alcanzado grandes logros. Comencé este capítulo hablándole sobre George Lucas, pero quizás él no llame su atención o quizás no le agrade la industria del cine (en lo personal soy un gran admirador de la ciencia ficción, pero admiro a Lucas como un pensador, un visionario creativo y un empresario). Encuentre usted algunas personas exitosas a quienes admire y estúdielas, busque a personas con la actitud de Robert F. Kennedy, quien popularizó la apasionante afirmación de Bernard Shaw: "Algunas personas ven lo que es y dicen '¿por qué?' Yo sueño con cosas que nunca fueron y digo '¿por qué no?'"

Sé que el pensamiento de posibilidades no es del estilo de muchas personas, así que llámelo como guste: voluntad de tener éxito, creencia en usted mismo, confianza en su habilidad, fe. Es muy cierto que quienes no creen poder, no lo hacen; pero si usted cree que puede, ¡podrá! Ese es el poder del pensamiento de posibilidades.

PREGUNTA DE REFLEXIÓN

¿Estoy liberando el entusiasmo del pensamiento de posibilidades para encontrar respuestas hasta en situaciones aparentemente imposibles?

Ponga en práctica el pensamiento de posibilidades

1. Todos tenemos sueños, y en muchas ocasiones esos sueños son derribados por otras personas. Si usted no tiene el hábito de pensar en grande, si su pensamiento de posibilidades ha sido desanimado en el pasado, entonces necesita intentar volver a capturar esos sueños.

   Piense en retrospectiva hacia un tiempo en el cual tuviera más posibilidades de imaginarse a sí mismo haciendo grandes cosas (quizá necesite regresar a su infancia), ¿en qué soñaba? ¿Qué era lo que *en verdad* quería hacer en su corazón? Vuelva a capturar ese pensamiento, explórelo y sueñe con él.

2. Algún sueño que usted tuvo anteriormente en la vida podría no ser posible para usted en la actualidad (aunque muchos lo son, si está dispuesto y es capaz de pagar el precio), así que, ¿qué es lo que en verdad quiere hacer? ¿Cuál es su sueño? Si usted no temiera al fracaso o a que se hiciera burla de usted, ¿qué debería hacer hoy? Escríbalo y después piense en lo que

sería necesario para lograrlo. La mejor manera de hacer lo anterior es ver diez años y noventa días a futuro. Mirar diez años hacia el futuro le ayudará a establecer la dirección en términos de la imagen global y mirar noventa días hacia delante lo ayudará a identificar pasos específicos que necesitará dar para iniciar el proceso.

_____

_____

_____

_____

3. Esta semana, lea la biografía de alguien a quien admire. Si tiene el tiempo y la energía, lea dos o tres acerca de la misma persona. Tome notas en relación con la manera en la cual esa persona aprovechó la energía del pensamiento de posibilidades y después encuentre de tres a cinco principios o prácticas en la vida de esa persona que pueda aplicar a la suya. Escríbalas aquí:

_____

_____

_____

_____

Acepte las lecciones del pensamiento reflexivo

> "Dudar de todo o creerlo todo son dos
> soluciones igualmente cómodas; ambas
> evitan la necesidad de la reflexión".
> —JULES HENRI POINCARÉ

¿En qué estaban pensando?

> "Desde que era niño, siempre he pensado
> muy profundamente, y en todo".
> —BILLY RAY CYRUS,
> *cantante de música country*

Mientras trabajo en este capítulo, estoy sentado en mi escritorio, en la oficina de mi casa, rodeado de objetos que me ayudan a reflexionar de manera continua y a hacer mi trabajo rápida y eficientemente.

En el lado izquierdo de mi escritorio tengo carpetas para los proyectos en que me encuentro trabajando, cada carpeta es de un color diferente para, poder identificarla rápidamente. El verde contiene ideas, citas e historias para este libro; el morado es para asuntos personales e ideas relacionadas con mis compañías; una carpeta azul contiene pensamientos que estoy reuniendo para mi siguiente libro. Cada una tiene una lista de preguntas escritas a mano en el exterior, para provocarme a pensar o para mantenerme en curso mientras reúno ideas.

En el extremo más lejano de mi escritorio, frente a mí, hay fotografías de personas importantes: hay una de mi esposa, Margaret, tomada hace años en un viaje a Europa; una de mi hermosa hija Elizabeth, tomada cuando estaba en el último año de la preparatoria y otra de Joel Porter, mi hijo, de pie junto a un monumento de John Wesley en Inglaterra. Hay fotos recientes de nuestros hijos junto con sus cónyuges: Elizabeth con Steve y Joel Porter con Elisabeth (sí, es confuso que nuestra hija y nuestra nuera tengan el mismo nombre), y desde luego, hay numerosas fotografías de Maddie y Hannah, ¡las niñas de los ojos de su abuelo! Al mirar las fotografías, recuerdo constantemente lo que es más importante en mi vida.

En el lado derecho de mi escritorio hay carpetas de archivo que contienen las conferencias más importantes que daré este año, las cuales me gusta mantener cerca para poder actualizarlas continuamente y referirme a ellas; los eventos que dirigiré en las dos semanas siguientes se encuentran en carpetas amarillas para poder ponerles atención adicional.

Y justo frente a mí hay tres objetos a mi alcance: el primero es el bloc en el que estoy escribiendo; mi proyecto actual se mantiene al frente y al centro (aun si voy a una cita por la mañana o si dejo de trabajar por el día, quiero ser capaz de sumergirme en el material en cualquier momento); junto a lo anterior está mi bloc de comunicación, si quiero compartir una experiencia con Margaret o si necesito recordar decirle algo a mi asistente, Linda, lo apunto ahí; el tercer artículo es un pequeño bloc con forro de cuero al cual llamo el bloc de las ideas, intento capturar lo que llamo *mi pensamiento del día* (busco producir un buen pensamiento todos los días) o cualquier otra idea en la cual quiero ser capaz de reflexionar.

¿Qué está cocinando?

Me gusta pensar en mi escritorio como una estufa (siempre hay muchas cosas cocinándose en él), cada artículo tiene su lugar y en cualquier momento puedo tomar una cacerola de un quemador posterior, donde se ha estado cociendo a fuego lento durante días, semanas o hasta meses para moverlo al quemador del frente, para poder así trabajar activamente en él o terminarlo.

El pensamiento reflexivo es una parte primordial de mi vida y lo ha sido por décadas. Reflexiono y repaso mi vida de manera constante para que de esa forma me sea posible tanto seguir creciendo como celebrando victorias. Como pastor, tengo el hábito de pensar reflexivamente. Ya que las iglesias funcionan en un ciclo semanal, solía pasar algo de tiempo todos los domingos por la noche para reflexionar en la efectividad de las actividades del fin de semana y evaluar todo, con el objeto de prepararme para la semana siguiente. Cuando descubrí el valor de esa clase de reflexión, comencé a pasar por lo menos algunos minutos diarios reflexionando, haciéndome siempre tres preguntas:

- ¿Qué aprendí hoy?
- ¿Qué debo compartir?
- ¿Qué debo hacer?

Me he dado cuenta de que hacerme estas preguntas me ayuda a mantener la disciplina y la responsabilidad ante la manera en que uso mi tiempo.

Ya expliqué cómo repaso mi calendario cada mes y cómo veo los cuarenta días por adelantado, pero también empleo otro ejercicio invaluable con el calendario en el área del pensamiento reflexivo. A finales de cada diciembre, paso tiempo reflexionando en el año pasado; primero, tomo mi calendario anual y reviso la manera en que usé mi tiempo, después pienso, proceso y oro sobre el año, posteriormente capturo en papel algunos pensamientos. Las siguientes son la clase de ideas en las cuales pensé durante 2001:

- Momentos importantes con Margaret (treinta y una anotaciones).
- Momentos personales importantes (veintitrés anotaciones).
- Puntos bajos (once anotaciones).
- Sucesos relevantes (nueve anotaciones).
- Momento cumbre número uno en lo personal.
- Momento cumbre número uno de negocios.
- Congresos internacionales (cuatro anotaciones).
- Reflexiones personales de relevancia (ocho anotaciones).

Mientras atravieso por este proceso, mi meta es reflexionar en la manera en la cual pasé un año de mi vida, para poder aprender de mis éxitos y de mis errores, descubrir lo que debería intentar repetir y determinar lo que debería cambiar. Este es siempre un ejercicio valioso. Al visitar mentalmente situaciones pasados, podemos pensar con mayor entendimiento. El pensamiento reflexivo es como la olla de crecimiento lento de la mente, la cual propicia que sus pensamientos se cuezan a fuego lento hasta que estén listos.

Por qué debería aceptar las lecciones del pensamiento reflexivo

El ritmo de nuestra sociedad no fomenta el pensamiento reflexivo, la mayoría de las personas actúan antes de pensar, pero no me malentienda; soy una persona de acción, tengo mucha energía

Cuando usted reflexiona, es capaz de poner una experiencia en perspectiva.

y me gusta ver mis metas cumplidas, pero también soy un pensador reflexivo, sé lo valioso que resulta:

1. El pensamiento reflexivo le da una verdadera perspectiva

Cuando nuestros hijos eran jóvenes y aún vivían en nuestra casa, solíamos llevarlos todos los años a unas vacaciones maravillosas. Cuando regresábamos a casa, sabían que siempre les haría dos preguntas: "¿Qué fue lo que más les gustó?" y "¿Qué aprendieron?" No importaba si habíamos ido a Disney World o a Washington D.C.

Siempre hacía esas preguntas, ¿por qué? Porque quería que reflexionaran en sus experiencias. Los niños no entienden de manera natural el valor (o el precio) de una experiencia a menos que se les estimule, lo dan todo por sentado; yo quería que mis hijos apreciaran nuestros viajes y aprendieran de ellos. Cuando usted reflexiona, es capaz de poner una experiencia en perspectiva, le es posible evaluar su tiempo y es capaz de obtener una nueva apreciación de cosas que antes pasaron desapercibidas. La mayoría de las personas solo es capaz de reconocer los sacrificios de sus padres, o de otras personas, cuando llega a ser padre, esa es la clase de perspectiva que viene con la reflexión.

2. El pensamiento reflexivo da integridad emocional a su vida de pensamiento

Pocas personas tienen una buena perspectiva al calor de un momento emocional. La mayoría de los individuos que disfrutan de la emoción de una experiencia, intentan regresar y volver a tenerla, sin evaluarla primero (esa es una de las razones por las cuales nuestra cultura produce tantos buscadores de emociones). De la misma manera, quienes sobreviven a experiencias traumáticas por lo general intentan evitar situaciones similares a toda costa, lo cual en ocasiones los ata con ligaduras emocionales.

El pensamiento reflexivo le permite distanciarse de las emociones intensas de experiencias particularmente buenas o malas y verlas con ojos frescos. Usted puede ver las emociones del pasado a la luz de la madurez emocional y examinar tragedias a la luz de la verdad y la lógica. Ese proceso puede ayudar a una persona a dejar de llevar a cuestas un lastre de emociones negativas pasadas.

El presidente George Washington comentó: "No debemos mirar atrás, a menos que sea para obtener lecciones útiles de errores pasados y con el propósito de obtener beneficios de la experiencia adquirida". Cualquier sentimiento que pueda mantenerse de pie ante la luz de la verdad y pueda mantenerse por un periodo de tiempo tiene integridad emocional y por lo tanto es digno de nuestra mente y corazón.

El pensamiento reflexivo le permite distanciarse de las emociones intensas de experiencias particularmente buenas o malas y verlas con ojos frescos.

3. El pensamiento reflexivo aumenta su confianza en la toma de decisiones

¿Alguna vez ha realizado un juicio rápido y después se ha preguntado si hizo lo correcto? Todos lo hemos hecho. El pensamiento reflexivo puede ayudar a disipar esa duda y a la vez, le da confianza para tomar la siguiente decisión. Una vez que ha reflexionado sobre un asunto, no será necesario que repita todos los pasos del proceso de pensamiento cuando se enfrente de nuevo con él, usted tendrá señales en el camino a las cuales referirse pues ya habrá estado ahí. Esto comprime y agiliza el tiempo de pensamiento y le da confianza, lo cual con el tiempo también puede fortalecer su intuición.

Durante mis primeros años de liderazgo, no era muy fuerte en lo que respecta al pensamiento reflexivo. Cuando me enfrentaba a un reto, con frecuencia intentaba improvisar o confiar en mi intuición y, aunque esos métodos me sirvieron bien en lo personal, me era difícil enseñar a otras personas cómo enfrentar los retos de manera efectiva. Cuando otro líder me pedía consejo, mi respuesta a menudo lo llevaba a la frustración, pues a nadie le gusta escuchar: "Espera hasta que el momento sea el adecuado y después solo confía en tus instintos".

Para poder asesorar a otros con un mayor éxito, comencé a invertir más tiempo en el pensamiento reflexivo. Después de tomar una decisión importante, me detenía un momento y me hacía las siguientes preguntas:

- ¿Qué factores tuvieron un papel en mi decisión?
- ¿Qué pasos di para tomarla?
- ¿Mi decisión fue buena?

Al dar estos pasos, comencé a entender cómo se toman tanto las buenas como las malas decisiones y tuve una mejor capacidad para dar esa información a otras personas; como resultado, mi confianza aumentó a la vez que aumentó la de los demás.

4. El pensamiento reflexivo aclara la imagen global

Cuando usted piensa de forma reflexiva, puede poner las ideas y las experiencias en un contexto más acertado. El pensamiento reflexivo nos anima a regresar y pasar tiempo considerando lo que hemos visto y hecho. Si una persona que pierde su empleo reflexiona en lo que sucedió, podría ver la serie de sucesos que llevaron a su despido; entendería mejor lo que pasó, por qué ocurrió y qué parte de eso fue su responsabilidad; si también observa los incidentes que ocurrieron después, podría darse cuenta de que en la perspectiva global, se encuentra mejor en su nueva posición la cual va mejor con sus habilidades y deseos. Sin reflexión, puede ser muy difícil ver la imagen global.

Los resultados globales del pensamiento reflexivo me benefician en el área de la comunicación. Antes de hablar ante una compañía, por ejemplo, me dedico a aprender lo más posible acerca de la organización. Lo hago porque quiero tener en mente la imagen global mientras me preparo para hablar a su gente. Una de las diferencias principales entre una buena conferencia y una extraordinaria es adaptarla.

Cuando finaliza mi presentación, vuelvo a dedicar un tiempo a pensar de forma reflexiva. A menudo lo hago en el avión mientras vuelo a mi siguiente compromiso; reflexiono en la respuesta de la audiencia, en los comentarios de los líderes y en las observaciones que recibo de quienes me extendieron la invitación. *¿Apliqué los principios para el público específico que me escuchaba? ¿Me vinculé con ellos? ¿Les di un plan de acción que pudieran seguir? ¿Satisfice mis expectativas, las cuales son superiores a las de mi patrocinador? ¿Necesito hacer algún tipo de seguimiento?*

Al pasar por este proceso cada vez que hablo, reflexionando tanto antes como después de mi charla, veo la imagen global y la uso a mi conveniencia.

5. El pensamiento reflexivo utiliza una buena experiencia y la convierte en una valiosa

Cuando apenas comenzaba su carrera ¿le pareció que muchas personas estaban dispuestas a darle una oportunidad a alguien sin experiencia? Al mismo tiempo, ¿pudo ver a personas que habían estado en sus empleos por veinte años y que aún así lo desempeñaban deficientemente? Si lo notó, quizá se sintió frustrado.

El dramaturgo William Shakespeare escribió: "La experiencia es una joya y debe serlo, pues a menudo se le compra a un precio infinito". Sin embargo, la experiencia por sí misma no añade valor a una vida. La experiencia no es valiosa por necesidad, lo es el conocimiento que se adquiere de ella. El pensamiento reflexivo convierte la experiencia en revelación.

El pensamiento reflexivo convierte
la experiencia en revelación.

Mark Twain dijo: "Debemos tener cuidado de obtener de una experiencia toda la sabiduría que hay en ella; no como un gato que se sienta en la tapa caliente de una estufa, pues tras haberlo hecho una vez, el gato nunca volverá a sentarse en una tapa caliente, pero tampoco volverá sentarse en una aunque esté fría".[62] Una experiencia se vuelve valiosa cuando nos informa o nos habilita para enfrentar experiencias nuevas. El pensamiento reflexivo nos ayuda a hacerlo.

Cómo aceptar las lecciones del pensamiento reflexivo

Si usted es como gran parte de las personas en nuestra cultura actual, quizás piense muy poco de manera reflexiva. Si ese es el caso, el ser de ese modo podría ser un lastre mayor de lo que cree. Acoja las siguientes sugerencias para aumentar su habilidad de pensar de manera reflexiva:

1. Aparte tiempo para la reflexión

El filósofo griego Sócrates hizo la observación: "Una vida que no se examina es una vida que no vale la pena vivirse". Sin embargo, para la mayoría de las personas, la reflexión y la auto evaluación no son una tendencia natural pues pueden ser actividades bastante incómodas por varias razones: se les dificulta mantener concentrada la atención, el proceso les parece aburrido o no les gusta pasar mucho tiempo pensando acerca de asuntos emocionalmente difíciles; pero si usted no toma un período de tiempo para ello, es poco probable que pueda pensar de forma reflexiva.

"Una vida que no se examina es una vida que no vale la pena vivirse".
—Sócrates

2. Apártese de las distracciones

La reflexión requiere soledad tanto como cualquier otro tipo de pensamiento. La distracción y la reflexión simplemente no se mezclan. No es una clase de actividad que pueda llevarse a cabo correctamente frente a un televisor, en un cubículo donde constantemente suena el teléfono o en una habitación con niños.

Una de las razones por las cuales he sido capaz de lograr mucho y seguir creciendo en lo personal es que no sólo he apartado tiempo para reflexionar, sino que me he separado de las distracciones por períodos cortos de tiempo: treinta minutos en el baño de hidromasaje, una hora afuera en la roca de mi patio trasero, o algunas horas en una silla cómoda de mi oficina. El lugar no importa, siempre y cuando se aparte de distracciones e interrupciones.

3. Revise regularmente su agenda o su diario

Muchas personas utilizan sus agendas como herramientas de planeación, y para eso son; pero pocas personas las utilizan como herramientas de pensamiento reflexivo. Sin embargo, ¿qué podría ser mejor para ayudarlo a revisar dónde ha estado y lo que ha hecho (quizá con la excepción de un diario)? No soy una persona que guste de llevar un diario en el sentido común, no uso la escritura para averiguar lo que pienso y siento; en cambio, averiguo lo que pienso y siento y después escribo pensamientos significativos y puntos en los que necesito actuar (archivo los pensamientos para después poder usarlos rápidamente, y llevo a cabo de inmediato los puntos de acción o los delego a alguien más).

Las agendas y los diarios le recuerdan la manera en la cual ha ocupado su tiempo, le muestran si sus actividades están de acuerdo con sus prioridades y lo ayudan a ver si ha logrado algún progreso, también ofrecen la oportunidad de recordar actividades en las cuales quizá no ha tenido el tiempo de reflexionar. A causa de mi horario tan ocupado, a menudo debo pasar de dar una conferencia a una reunión, luego a otra conferencia, sin ningún tipo de descanso, y después debo empacar y viajar a otra ciudad esa misma noche. Si algo significativo ocurre durante ese viaje y me pierdo la oportunidad de pensar en ello, un repaso de mi calendario me recuerda darle a esa reunión o suceso relevante algo de tiempo para pensar. Intento nunca permitir que un suceso notable pase sin darle posteriormente algunos momentos de reflexión. Algunos de los pensamientos más valiosos que haya tenido podrían perderse por no haberse dado el tiempo de reflexión que requería.

4. Haga las preguntas indicadas

El valor que reciba de la reflexión dependerá de la clase de preguntas que se haga; mientras mejores sean las preguntas, más oro extraerá de su pensamiento. Cuando reflexiono, pienso en términos de mis valores, relaciones y experiencias. Estos son algunos ejemplos de preguntas en cada área:

El valor que reciba de la reflexión dependerá de la clase de preguntas que se haga.

Pensamiento relacionado a los valores

- *Desarrollo personal:* ¿Qué he aprendido hoy que me ayudará a crecer?, ¿cómo puedo aplicarlo a mi vida?, ¿cuándo debo aplicarlo?
- *Valor:* ¿A quién añadí valor el día de hoy?, ¿cómo sé que añadí valor a esa persona?, ¿puedo dar seguimiento y enriquecer el beneficio positivo que recibió esa persona?
- *Trabajo en equipo:* ¿Qué hice con alguien más que nos hizo mejores a ambos?, ¿la otra persona estaría de acuerdo con que ambos ganamos en esa situación?, ¿podremos hacer algo juntos para continuar nuestro éxito mutuo?

- *Liderazgo:* ¿En la actualidad, fui un líder que da el ejemplo?, ¿llevé a mi gente y a mi organización a un nivel más alto?, ¿qué hice y cómo lo hice?
- *Salud física:* ¿Me ejercité a mi ritmo cardiaco óptimo por treinta minutos?, ¿me he ejercitado por lo menos cinco veces en los últimos siete días?, ¿me mantuve hoy en mi dieta baja en grasas?
- *Fe personal:* ¿Fui hoy un buen representante de Dios?, ¿puse en práctica la regla de oro?, ¿he "caminado la segunda milla" con alguien?

Pensamiento en lo respectivo a las relaciones

- *Matrimonio y familia:* ¿Le comuniqué amor a Margaret, a mis hijos y a mis nietos?, ¿cómo mostré ese amor?, ¿lo sintieron?, ¿lo regresaron?
- *Amigos:* ¿He sido un buen amigo esta semana?, ¿con quién?, ¿qué hice?, ¿hay algo más que necesite hacer?, ¿hay otro amigo que me necesite?
- *Círculo interno:* ¿He pasado el suficiente tiempo con mis jugadores clave?, ¿cómo puedo ayudarlos a ser más exitosos?, ¿en qué áreas puedo aconsejarlos?
- *Dios:* ¿He pasado tiempo con Dios?, ¿qué me está enseñando ahora?, ¿estoy aprendiendo?, ¿estoy obedeciendo?, ¿he hablado continuamente con él hoy?

Pensamiento relacionado a las experiencias

- *Descubrimientos:* ¿A qué me enfrenté hoy a lo que necesito dar más tiempo de pensamiento?, ¿hay lecciones que aprender?, ¿hay cosas que hacer?
- *Recuerdos:* ¿Hice un buen recuerdo para alguien el día de hoy?, ¿fue a causa de un comentario, acción o experiencia compartida?

- *Dificultades:* ¿Qué salió mal?, ¿pude haberlo cambiado?, ¿qué debo hacer diferente la próxima vez?
- *Éxitos:* ¿Qué salió bien?, ¿yo lo hice?, ¿hay algún principio que pueda aprender de la experiencia?
- *Personas:* ¿A quienes conocí?, ¿Cuáles fueron mis impresiones?
- *Conclusiones:* ¿He cerrado apropiadamente mi día?, ¿he expresado gratitud?, ¿he aprendido algo y amado a alguien?, ¿he disfrutado y vivido el día al máximo?

La manera en la cual organice su tiempo de reflexión depende de usted. Quizá quiera adaptar mi modelo a sus propios valores, o podría intentar un sistema que usa mi amigo Dick Biggs, quien crea tres columnas en una hoja de papel:

Año   Momento decisivo   Impacto

Este sistema es útil para reflexionar en el aspecto global, Dick lo utilizaba para observar patrones en su vida, tales como cuando se mudó a Atlanta y un nuevo profesor lo animó a escribir. Con la misma facilidad podría escribir "Suceso" "Importancia" y "Momento de acción" en una página para ayudarlo a obtener beneficios del pensamiento reflexivo. Lo más importante es crear preguntas que funcionen para usted y escribir cualquier pensamiento significativo que venga a su mente durante el tiempo de reflexión.

5. Consolide su aprendizaje a través de las acciones

Una herramienta sumamente valiosa es escribir los buenos pensamientos que provengan de su pensamiento reflexivo, pero nada lo ayudará a crecer tanto como hacer que sus pensamientos se vuelvan acciones; para conseguirlo, debe hacerlo de manera intencional. Por ejemplo, cuando lee un buen libro, siempre hay buenos pensamientos, citas o lecciones que puede obtener de él para poder usarlas. Siempre marco esos puntos importantes del libro y después vuelvo a leerlas al terminar; cuando escucho una conferencia registro esos

puntos de importancia para poder archivarlos y usarlos posteriormente; cuando asisto a un seminario, tomo buenas notas y uso un
sistema de símbolos para recordar hacer ciertas cosas:

- Una flecha como esta → significa que debo revisar de
  nuevo este material.
- Un asterisco como este * junto a una sección marcada
  significa que debo archivarla de acuerdo con el tema
  anotado.
- Una llave como esta { significa que debo usar el punto
  marcado en alguna clase o libro.
- Una flecha como esta ↑ significa que la idea que
  marca despegará si trabajo en ella.

Cuando la mayoría de las personas va a un congreso o seminario, disfruta la experiencia, escucha a los oradores y en ocasiones hasta toma notas, pero nada ocurre después cuando van
a casa. A las personas les agradan muchos de los conceptos que
escuchan, pero cuando cierran sus cuadernos, no piensan de nuevo
en ellos; cuando esto ocurre, reciben poco más que un incremento temporal de motivación. Cuando usted va a una conferencia,
repase lo que escuchó, reflexione en ello y después póngalo en
práctica, lo cual podría cambiar su vida.

En su sentido último, el pensamiento reflexivo tiene tres valores principales: me da perspectiva dentro de un contexto, me permite conectarme continuamente con mi travesía y brinda consejo
y dirección en lo relacionado con mi futuro. Es una herramienta
invaluable para mi crecimiento personal. Pocas cosas en la vida
pueden ayudarme a aprender y mejorar de la manera en que lo
hace el pensamiento reflexivo.

Tome prestada la sabiduría de otra persona

Las lecciones que se deben aprender a través del pensamiento
reflexivo no siempre deben provenir de nuestra propia experiencia.

En enero de 2002, la familia King me pidió que hablara acerca del liderazgo de Martin Luther King Jr., en la iglesia bautista Ebenezer en el centro de Atlanta durante el día de Martin Luther King. Siempre he sentido una gran admiración hacia ese hombre, él era un líder increíble, y no soy el único que lo piensa; a quienes se les ha pedido identificar la mayor influencia en el mundo durante el siglo veinte, nombran con frecuencia a Martin Luther King Jr.

Mientras preparaba mi breve mensaje y revisaba sus logros, noté cómo el pensamiento reflexivo daba forma a su enfoque hacia el racismo y los asuntos de derechos civiles. De joven, mientras crecía en el sur, King sufrió bajo las leyes y la segregación racial de Jim Crow; su experiencia dio a luz un deseo de cambiar la situación de los afroamericanos en los Estados Unidos. Para resolver los problemas del presente y asegurar un mejor futuro para su gente, reflexionó en el pasado para aprender sus lecciones. En la universidad, leyó el ensayo de Henry David Thoreau intitulado: "Desobediencia civil". King se sintió impresionado por la aseveración de Thoreau de que los ciudadanos tenían el derecho de desobedecer las leyes injustas; de hecho, Thoreau fue a la cárcel en vez de pagar impuestos, los cuales creía eran usados para mantener la esclavitud.

El poder de la reflexión

Sin duda, King continuó reflexionando en las ideas de Thoreau mientras luchaba con los problemas del racismo y la segregación. Entonces, en 1948, mientras estudiaba para el ministerio en el seminario teológico Crozer en Pennsylvania, escuchó a A. J. Muste y a Mordecai W. Jonson enseñar acerca de Mohandas Ghandi, alguien con una profunda influencia por parte de los escritos de Thoreau; después de eso, King comenzó a estudiar seriamente a Gandhi.[63] Se encontró con que mientras que la filosofía de Thoreau promovía la idea de la desobediencia civil individual, Gandhi la había convertido en un medio para las masas, el cual usó para liberar al pueblo hindú del dominio Británico. King decidió usar tácticas similares en los Estados Unidos.

En las décadas de 1950 y 1960, King dominó más que nadie la escena de la lucha a favor de los derechos civiles, hizo que la Norteamérica de los blancos despertara a los problemas del racismo y la segregación y dirigió la lucha de los negros norteamericanos en contra de un sistema inherentemente corrupto y opresivo. El boicot contra el autobús Montgomery, en 1955; los plantones en las barras de los restaurantes para evitar la discriminación en ellos, en el sur de los Estados Unidos; los recorridos de libertad, en 1961; la lucha para eliminar la segregación en las escuelas; la marcha de Selma a Montgomery, Alabama; la marcha en Washington y muchos otros eventos durante el movimiento de los derechos civiles, tuvieron una fuerte influencia del liderazgo de King y cada uno de ellos muestra la influencia de su pensamiento reflexivo.

El pensamiento reflexivo en manos de Martin Luther King Jr. transformó radicalmente la vida en los Estados Unidos. Si usted lo adopta, como lo hizo King, es posible que no cambie al mundo, pero definitivamente podrá cambiar su vida.

PREGUNTA DE REFLEXIÓN

¿Me regreso al pasado con regularidad para obtener una perspectiva real y pensar con entendimiento?

Ponga en práctica el pensamiento reflexivo

1. Cree un tiempo diario de reflexión para ayudarlo a aprender de los sucesos que ocurran en su día y a capturar sus ideas. Aparte algo de tiempo y un lugar para reflexionar con regularidad. Practique la disciplina del pensamiento reflexivo diario por veintiún días.

2. Encuentre las preguntas que deba hacerse durante sus momentos de pensamiento reflexivo. Revise las preguntas de muestra que se dieron en el capítulo, después, cree su propio conjunto de preguntas. Comience con preguntas generales que deba usar después de cualquier evento o reunión, después cree preguntas más específicas relacionadas con sus valores y relaciones.

_____

_____

_____

_____

_____

3. Al final de este mes, aparte un periodo de dos a cuatro horas para revisar su agenda del mes pasado. Revise sus citas y su lista de pendientes, analice dónde pasó su tiempo y si lo hizo en forma sabia, cuando revise cuente las anotaciones individuales pregúntese:

- ¿Ya he reflexionado acerca de este suceso?
- ¿Qué salió bien?
- ¿Qué salió mal?
- ¿Qué aprendí?
- ¿Qué puedo hacer diferente la próxima vez?

No olvide escribir pensamientos que deba archivar y puntos de acción que deba completar.

4. La siguiente ocasión en que vaya a asistir a una conferencia, aparte desde antes en su agenda un momento de reflexión de una hora en algunos de los días después de la conferencia. Cuando asista al evento, tome buenas notas y use algún tipo de sistema de símbolos para marcar sus notas mientras escriba. Después, cuando llegue su tiempo de reflexión, revise sus notas; de nuevo, archive, comparta con alguien o cree un punto de acción para cada buena idea.

Técnica 8

Cuestione el pensamiento común y corriente

"No soy una máquina contestadora, soy una máquina cuestionadora; si tenemos todas las respuestas, ¿cómo es que estamos en un desastre como este?".
—Douglas Cardinal

¿En qué estaban pensando?

"Todo lo que puede inventarse ya se ha inventado".
—Charles H. Duell,
director de la oficina de patentes de los Estados Unidos en 1899.

Hasta el 18 de diciembre de 1998, tomaba mi salud casi por sentado. Tenía cincuenta y un años de edad, un alto nivel de energía y nunca había sufrido ninguna clase de problema médico, pero la noche de la fiesta de Navidad de mi organización sufrí un serio ataque al corazón; desde entonces, mi vida ha cambiado mucho. Ahora vigilo mi dieta, hago ejercicio todos los días y expreso mi amor a las personas importantes en mi vida de una forma aún más intencionada. El ataque al corazón también me ha hecho mucho más consciente de los asuntos relacionados con la salud, así fue como llegué a leer sobre Paul Ridker, un cardiólogo que desafió el pensamiento común y corriente y quien está cambiando la manera en que los doctores piensan con relación al riesgo de los pacientes de sufrir ataques cardíacos.

Tiene corazón

El interés de Ridker por la medicina se remonta a su infancia, cuando sufría de un raro trastorno inmunológico. Enfermó mucho cuando él y su familia regresaron de la India a los Estados Unidos. Los médicos descubrieron que había parásitos atacando su cuerpo; por suerte, fueron capaces de curarlo, pero la experiencia lo sumergió a una corta edad en el mundo de la medicina, la cual finalmente se volvió su pasión.

Ya que recibió su diploma universitario por parte de la universidad de Brown, asistió a la facultad de medicina de Harvard donde obtuvo títulos en medicina y salud pública. En la actualidad es profesor adjunto de medicina en la facultad de medicina de Harvard y director del Centro para la Prevención de Enfermedades Cardiovasculares, en Brigham, y del Hospital de las Mujeres, en Boston.

En años recientes, el pensamiento común y corriente entre los médicos sostenía que la mejor manera de predecir ataques potenciales al corazón era la presencia de colesterol alto en la sangre de un paciente; pero Ridker descubrió que cerca de la mitad de todos los ataques cardíacos ocurren en personas con niveles normales de colesterol (de hecho, mi nivel de colesterol se encontraba dentro de lo normal antes de sufrir mi ataque cardíaco) y decidió averiguar por qué.

Ridker comenzó a revisar reportes y otros materiales para tratar de identificar al culpable. Sus investigaciones indicaron que la inflamación de las arterias podría ser responsable, así que comenzó un estudio a gran escala para empezar a reunir información que apoyara su teoría. El pensamiento común de los médicos decía que era imposible detectar la clase de inflamación de bajo nivel, a la cual deseaba seguir la pista. Ridker dice: "Había muchos detractores".[64]

Vaya contra la corriente

Los detractores no disuadieron a Ridker, quien siempre ha ido en contra de la corriente del pensamiento común y corriente. Por ejemplo, cuando realizaba sus estudios en Brown, no estudió materias relacionadas con la medicina, como sus colegas y futuros doctores, sino que estudió diseño de muebles. Él explica: "Sabía que aprendería biología y ciencia el resto de mi vida, por lo cual pensé que la universidad debería usarse para otros fines".[65]

Ridker descubrió que una sustancia llamada proteína C-reactiva (CRP por sus siglas en inglés) está presente en la sangre de aquellas personas con un alto riesgo de sufrir un ataque al corazón. Rastrear esa sustancia es tan confiable y económico como verificar el nivel de colesterol, y de hecho, predice mejor los problemas cardíacos que un nivel alto de colesterol dañino (o LDL).

En la actualidad, las enfermedades cardíacas son la causa principal de muerte para hombres y mujeres en los Estados Unidos; por desgracia, la mitad de los mayores candidatos a morir por problemas cardíacos carecían de un buen método para averiguarlo. Ridker ha ayudado a cambiar todo esto gracias a que cuestionó el pensamiento común y corriente y a que fue en una dirección distinta; ahora, menos personas tienen probabilidades de morir de enfermedades cardíacas.

Es hora de volverse impopular

El economista John Maynard Keynes, cuyas ideas han influido profundamente la teoría y la práctica económicas durante el siglo

"La dificultad no se encuentra tanto en desarrollar nuevas ideas como en escapar de las viejas".
—John Maynard Keynes

veinte, aseveró: "La dificultad no se encuentra tanto en desarrollar nuevas ideas como en escapar de las viejas". Ir en contra del pensamiento común y corriente puede ser difícil, ya sea que se encuentre en la posición de un empresario que se opone a la tradición de la compañía, un pastor que introduce nuevos tipos de música a su iglesia, una madre que rechaza viejas creencias populares heredadas de sus padres o un adolescente que ignora los estilos de la moda.

Muchas de las ideas en este libro van en contra del pensamiento común y corriente, y si usted da más valor a la popularidad que al buen pensamiento, limitará mucho su potencial para aprender los tipos de pensamiento que este libro fomenta.

El pensamiento común y corriente es:

- Demasiado promedio mediocre como para entender el valor del buen pensamiento.
- Demasiado rígido como para darse cuenta del impacto que causa cambiar la forma de pensar.
- Demasiado perezoso como para dominar el proceso del pensamiento intencional.
- Demasiado pequeño como para ver la sabiduría del pensamiento global.
- Demasiado conformista como para liberar el potencial del pensamiento concentrado.
- Demasiado tradicional como para descubrir el gozo del pensamiento creativo.
- Demasiado ingenuo como para reconocer la importancia del pensamiento realista.
- Demasiado indisciplinado como para liberar el poder del pensamiento estratégico.
- Demasiado limitante como para sentir la energía del pensamiento de posibilidades.
- Demasiado apegado a las modas como para aceptar las lecciones del pensamiento reflexivo.
- Demasiado superficial como para cuestionar el pensamiento común y corriente.

- Demasiado orgulloso como para participar del pensamiento compartido.
- Demasiado egoísta como para experimentar la satisfacción del pensamiento desinteresado.
- Muy poco comprometido como para disfrutar del beneficio del pensamiento enfocado en las ganancias.

Si usted quiere convertirse en un buen pensador, entonces comience a prepararse para la posibilidad de volverse impopular.

Por qué debería cuestionar el pensamiento común y corriente

Le he dado algunas razones generales por las cuales se debe cuestionar el pensamiento común y corriente, ahora permítame ser más específico:

1. En ocasiones el pensamiento común y corriente es igual a no pensar

Mi amigo Kevin Myers se suma a esta idea sobre el pensamiento común, diciendo: "El problema con el pensamiento común y corriente es que no requiere de que pienses en lo absoluto". Pensar bien es un trabajo arduo, si fuera sencillo todos serían buenos pensadores; desgraciadamente, muchas personas intentan vivir de la manera fácil, no quieren hacer el trabajo de pensar o pagar el precio del éxito, les es más fácil hacer lo que hacen los demás con la esperanza de que *ellos* lo hayan pensado antes.

"El problema con el pensamiento común y corriente es que no requiere de que pienses en lo absoluto".
—Kevin Myers

Como un ejemplo, tome las recomendaciones de algunos expertos para el mercado de valores: para el momento en que publican sus selecciones, la mayoría de ellos sigue una tendencia, no crean una ni siquiera van a la vanguardia de la misma, y quienes ganan dinero de las acciones que recomendaron ya lo obtuvieron mucho antes del momento en el cual escucha de ellas el público en general. Cuando las personas siguen una tendencia a ciegas, no están pensando por sí mismas.

2. El pensamiento común y corriente ofrece una falsa esperanza

Benno Muller-Hill, profesor en el departamento de genética de la universidad de Cologne, cuenta cómo una mañana, en la preparatoria, era el último en una fila de cuarenta estudiantes en el patio de la escuela. Su profesor de física había instalado un telescopio y para que los estudiantes pudieran ver un planeta y sus lunas. El primer estudiante se aproximó al telescopio, miró a través de él, pero cuando el profesor le preguntó si podía ver algo, el muchacho dijo que no, su debilidad visual impedía que lo hiciera; después, el profesor le mostró cómo enfocar el telescopio y el estudiante por fin dijo que podía ver el planeta y sus lunas. Uno por uno, los estudiantes se acercaron al telescopio y vieron lo que se suponía que debían ver. Finalmente, el penúltimo estudiante miró al telescopio y dijo que no podía ver nada.

—¡Torpe! —gritó el profesor— tienes que ajustar las lentes.

El joven lo intentó, pero finalmente dijo:

—Aún no puedo ver nada, todo está en negro.

El profesor, disgustado, miró a través del telescopio y después levantó la vista con una expresión extraña, la cubierta de la lente aún se encontraba puesta, ninguno de los estudiantes había visto algo.[66]

Muchas personas buscan seguridad y confianza en el pensamiento común y corriente, imaginan que si muchas personas hacen lo mismo, entonces debe ser lo correcto, debe ser una buena idea; si la mayoría de las personas lo acepta, entonces quizá representa justicia, equidad, compasión y sensibilidad, ¿cierto? No necesariamente.

El pensamiento común y corriente afirmaba que la Tierra era el centro del universo; sin embargo, Copérnico estudió las estrellas y los planetas y probó matemáticamente que la tierra y los demás planetas de nuestro sistema solar giraban alrededor del Sol. El pensamiento común y corriente decía que la cirugía no requería de instrumentos limpios; con todo, Joseph Lister estudió las altas tasas de mortalidad en los hospitales e introdujo prácticas antisépticas que de inmediato salvaron vidas. El pensamiento común y corriente dictaba que las mujeres no debían tener derecho a votar; no obstante, personas como Emmeline Pankhurst y Susan B. Anthony lucharon por ese derecho y ganaron. El pensamiento popular colocó a los Nazis en el poder; sin embargo el régimen de Hitler asesinó a millones y casi destruye Europa. Siempre debemos recordar que hay una enorme diferencia entre la aceptación y la inteligencia. Las personas pueden decir que hay seguridad en los números, lo cual no siempre es la verdad.

En ocasiones, es dolorosamente obvio que el pensamiento común y corriente no es bueno y correcto; en otras, es menos evidente. Considere el ejemplo de la asombrosa cantidad de personas en los Estados Unidos que han acumulado grandes deudas en sus tarjetas de crédito. Cualquier persona que sea astuta para las finanzas le dirá que es una mala idea, pero aún así, millones siguen el pensamiento popular que incita a comprar ahora y a pagar después; y por ello las personas pagan y pagan y pagan. Son muchas las promesas vacías del pensamiento común y corriente, no permita que lo engañen.

3. El pensamiento popular es lento para aceptar el cambio

Al pensamiento común y corriente le encanta el estado actual, coloca su confianza en la idea del momento y se aferra a ella con todas sus fuerzas; como resultado, resiste al cambio y entorpece la innovación. Donald M. Nelson, exdirector de la Society of Independent Motion Picture Producers (Sociedad de productores de cine independiente) criticó el pensamiento común y corriente cuando afirmó: "Debemos desechar la idea de que la vieja rutina, la manera antigua de hacer las cosas es quizá la mejor manera; por el contrario, debemos asumir que hay una mejor forma de hacer casi todo, debemos dejar de suponer que algo que nunca se ha hecho podría ser imposible de hacerse".

"Debemos dejar de suponer que algo que nunca se ha hecho podría ser imposible de hacerse".
—Donald M. Nelson

Años atrás vi la película *October Sky*, basada en la historia verídica de Homer Hickam, un muchacho que creció en Coalwood, un pueblo perteneciente a una compañía de carbón, al oeste de Virginia. Todos en el pueblo, quizá con la excepción de los mejores atletas, parecían estar destinados a trabajar en las minas y pocos residentes parecían dispuestos a luchar en contra de ese destino común.

Sin embargo, Homer deseaba algo diferente. Tras el lanzamiento del Sputnik por parte de la Unión Soviética, Homer quería construir cohetes y convertirse en astronauta, para lo cual luchó contra todas las posibilidades pues, ¿quién querría aceptar una idea que fuera en contra del pensamiento popular del pueblo? Por supuesto que no lo hizo su padre, el supervisor de la mina, quien deseaba que su hijo siguiera sus pasos.

Homer luchó para salir de Coalwood. Finalmente, recibió su educación en el tecnológico de Virginia y se convirtió en ingeniero de la NASA, entrenando astronautas. Posteriormente se retiró y trabaja como asesor en la NASA, pero no ha abandonado su sueño de ir al espacio. Si usted desea luchar contra el pensamiento común y corriente, como lo hizo Homer Hickam, entonces esté consciente de que podría ser un proceso lento, pero que valdrá la pena.

4. El pensamiento común y corriente sólo trae resultados promedio

¿La conclusión? El pensamiento común y corriente solo trae resultados mediocres. Lo siguiente es el pensamiento común y corriente resumido:

Común y corriente = Normal = Promedio

En resumidas cuentas: es lo más pobre de lo mejor y lo mejor de lo más pobre. Cuando adoptamos el pensamiento promedio limitamos nuestro éxito, lo cual representa usar la menor cantidad de energía con el único fin de mantenernos a flote. Usted debe rechazar el pensamiento común y corriente si quiere conseguir resultados poco comunes.

Cómo cuestionar el pensamiento común y corriente

Con frecuencia el pensamiento común y corriente ha demostrado ser limitante e incorrecto. Cuestionar no es necesariamente difícil una vez que cultiva el hábito de hacerlo, la dificultad se encuentra en comenzar. Comience haciendo lo siguiente:

1. Piense antes de seguir

Muchos individuos siguen a otros casi de manera automática. En ocasiones lo hacen porque desean tomar el camino donde encuentren menos resistencia; en otras, por miedo al rechazo o porque creen que es sabio hacer lo que todos los demás hacen; pero si usted quiere tener éxito, necesita pensar en lo que es mejor, no en lo que es popular.

Quien desafíe el pensamiento común y corriente requiere de una buena disposición para ser impopular y salir de lo normal. Por ejemplo, tras la tragedia del 11 de septiembre de 2001, pocas personas estaban dispuestas a viajar en avión, no obstante ese era el *mejor* momento para viajar: las multitudes habían disminuido, la seguridad había aumentado y las líneas aéreas reducían sus precios. Alrededor de un mes después de la tragedia, mi esposa Margaret y yo escuchamos que había muchas localidades para los espectáculos de Broadway y que muchas habitaciones de hotel en Nueva York estaban desocupadas. El pensamiento común y corriente decía: "mantente alejado de Nueva York", nosotros lo usamos como una oportunidad: conseguimos boletos de avión a buen precio, reservamos una habitación en un gran hotel a cerca de la mitad del costo normal y conseguimos entradas para el espectáculo más solicitado: *The Producers* (*los productores*). Al tomar nuestros asientos en el teatro, nos sentamos junto a una mujer que apenas podía contener la emoción.

—No puedo creer que al fin estoy aquí —nos dijo—. He esperado tanto. Este es el *mejor* espectáculo de Broadway y para el que es más difícil conseguir entradas.

Después se volvió hacia mí para verme a los ojos y dijo:

—He tenido mis boletos por año y medio esperando para ver este espectáculo, ¿hace cuánto compró el suyo?

—No le gustará mi respuesta —respondí.

—Oh, vamos —dijo—. ¿Hace cuánto?

—Conseguí el mío hace cinco días —contesté.

La mujer nos miró con horror. Por cierto, tenía razón, es uno de los mejores espectáculos que habíamos visto en algún tiempo, y solo logramos verlo porque estábamos dispuestos a ir en contra del pensamiento común mientras todos se encontraban en casa.

A medida que comience a pensar en contra del pensamiento común, recuerde que:

- Aun cuando su resultado sea exitoso, el pensamiento poco común es muy subestimado, no es reconocido y se malentiende.
- El pensamiento poco común contiene las semillas de la visión y la oportunidad.
- Para todo progreso se requiere del pensamiento poco común.

La siguiente ocasión en la cual se sienta listo para estar de acuerdo con el pensamiento común y corriente en cualquier asunto, deténgase a pensar; no querrá buscar el cambio solo por el gusto de ello, pero definitivamente no querrá seguir ciegamente esa manera de pensar tan solo por no haber pensado en lo que es mejor.

2. Aprecie el pensamiento que es diferente al suyo

Una de las maneras para acoger la innovación y el cambio es aprender a apreciar la manera en la cual piensan otras personas; para hacerlo, debe exponerse continuamente a otras personas. Mi hermano, Larry Maxwell (un buen empresario y pensador de innovaciones), desafía continuamente el pensamiento común al pensar de manera diferente. Él dice:

> La mayoría de las personas de nuestra organización que se encuentran en posiciones de ventas y gerencia provienen de empresas con servicios y productos diferentes a los nuestros, lo cual nos expone constantemente a nuevas formas de pensar; a la vez, disuadimos a nuestra gente de participar activamente en empresas formales y organizaciones o fraternidades comerciales ya que el pensamiento en esas asociaciones es bastante común. Ellos no necesitan pasar mucho tiempo pensando de la manera en que todos en la industria lo hacen.

Mientras luche para desafiar el pensamiento popular, reúnase con personas de diferentes trasfondos, niveles de educación, experiencia profesional, intereses personales, etc.; pues usted pensará como las personas con quienes pase más tiempo. Si se relaciona con personas que piensen fuera de la caja de lo común, es más posible que innove y desafíe el pensamiento popular.

3. Cuestione continuamente su propio pensamiento

En cualquier ocasión en la cual encontremos una forma de pensar que funcione, una de nuestras mayores tentaciones será regresar a ella continuamente, aún si ya no funciona. En ocasiones, el mayor enemigo para el éxito de mañana es el éxito de hoy. Mi amigo Andy Stanley, dio recientemente una clase de liderazgo en el congreso Catalyst de INJOY, llamada: "Desafíe el proceso", en la cual describió la manera en la cual el progreso debe ser antecedido por el cambio, y señaló muchas de las dinámicas relacionadas con el cuestionamiento del pensamiento común y corriente. Dijo que en una organización, debemos recordar que cada tradición fue originalmente una buena idea (y quizás hasta una idea revolucionaria) pero cualquier tradición podría no ser una buena idea para el futuro.

El mayor enemigo para el éxito de mañana es el éxito de hoy.

Si usted tuvo un papel en el establecimiento de lo que existe en la actualidad, entonces es probable que se resista al cambio (incluso a un cambio para bien); es por ello que es necesario desafiar su propia manera de pensar. Si se encuentra demasiado apegado a su propia manera de pensar y a la manera en la cual se llevan a cabo los procesos en la actualidad, nada cambiará para bien.

4. Intente cosas nuevas de forma diferente

¿Cuándo fue la última vez que hizo algo por primera vez? ¿Evita tomar riesgos o intentar cosas nuevas? La innovación es

¿Cuándo fue la última vez que hizo algo por primera vez?

una de las mejores maneras de salir de la rutina de su propio pensamiento, lo cual puede hacer todos los días, poco a poco: conduzca a su trabajo por un camino diferente al normal, ordene un platillo que no conozca en su restaurante favorito, pida a un colega distinto al que siempre lo ayuda que le apoye con un proyecto que le sea familiar; apague su piloto automático.

El pensamiento no convencional hace preguntas y busca opciones. En 1997, mis tres compañías se mudaron a Atlanta, Georgia, que es una gran ciudad, pero aquí el tráfico en horas pico puede volverse una locura. Inmediatamente después de mudarme, comencé a buscar y a probar rutas alternativas para mis diferentes destinos, para, no quedar atrapado en el tráfico. Por ejemplo, de mi casa al aeropuerto he descubierto y usado nueve rutas en un rango de once kilómetros y ocho minutos; con frecuencia me asombra ver a tantas personas detenidas en la autopista cuando podrían estar avanzando en una ruta alterna. ¿Cuál es el problema? Demasiadas personas no han intentado hacer cosas nuevas de forma diferente. Es cierto, gran parte de las personas está más satisfecha con los problemas viejos de lo que está comprometida a encontrar soluciones nuevas.

Gran parte de las personas está
más satisfecha con los problemas
viejos de lo que está comprometida
a encontrar soluciones nuevas.

La manera en la cual es posible continuar haciendo cosas nuevas de forma diferente no es tan importante como el estar seguros de hacerlo (además, si usted intenta hacer cosas nuevas de la misma forma en la cual las hacen todos, ¿en realidad está yendo en contra del pensamiento común y corriente?) Salga y haga algo diferente el día de hoy.

5. Acostúmbrese a estar incómodo

El pensamiento común y corriente es cómodo. En un sentido real, es como un viejo sillón reclinable ajustado a la idiosincrasia de su dueño. El problema con la mayoría de los viejos sillones ajustables es que nadie los ha *visto* últimamente, pero si alguien los viera, ¡estaría de acuerdo en que hay que comprar uno nuevo!

Si usted quiere rechazar el pensamiento popular con el fin de dar cabida al éxito, tendrá que acostumbrarse a estar incómodo. Es como nadar contra la corriente. Lo sé porque he trabajado en ello la mayor parte de mi vida.

Nadar contra la corriente del pensamiento común

Para mí ha sido un buen ejercicio, nadar contra la corriente del pensamiento común. Aunque ha sido difícil. Seguí por años el pensamiento común y corriente ya que me gustaba complacer a los demás; a las personas y a los pastores les encantan las tradiciones en el mundo de las iglesias. Con frecuencia, mientras convenía con lo que todos los demás creían, sentía en lo profundo que no estaba alcanzando mi potencial.

Cuando encontré el valor para ir contra la corriente, pude innovar, cosechar buenos resultados y ayudar a otros. Durante el transcurso de mi carrera, he luchado continuamente contra el pensamiento popular. Los siguientes son algunos de los problemas que enfrenté:

- La mayoría de las personas decía que asistir al seminario después de la universidad era el camino correcto en la educación de un pastor; rechacé esa idea y obtuve primero la experiencia práctica que necesitaba.
- La mayoría de las personas decía que la consejería y las habilidades administrativas eran las llaves del éxito como pastor; rechacé esa idea y trabajé en mis habilidades de liderazgo.

- La mayoría de las personas decía que era demasiado joven como para ser pastor de la mejor iglesia de la denominación; rechacé la idea y acepté el puesto de pastor principal a la edad de veinticinco años.
- La mayoría de las personas decía que la doctrina de mi iglesia obstaculizaría su crecimiento; rechacé esa idea y en 1976 nuestra iglesia se volvió la de mayor crecimiento en Ohio.
- La mayoría de las personas decía que se requería mucho personal pagado para lograr ser una gran iglesia; rechacé esa idea y crecimos hasta ser más de mil personas con tan sólo dos pastores de tiempo completo.
- La mayoría de las personas decía que no era posible enseñar liderazgo; rechacé esa idea y comencé a escribir *Desarrolle al líder que hay en usted* para poder enseñar a otros cómo ser líderes.
- La mayoría de las personas decía que no era sabio dejar mi denominación; rechacé esa idea y en la actualidad reconozco que esa acción me ha permitido alcanzar a muchas más personas.
- La mayoría de las personas decía que sería un "suicidio profesional" seguir al pastor fundador de una iglesia; rechacé esa idea y la iglesia no sólo creció, sino que en la actualidad, veintidós años después, ese pastor y yo somos buenos amigos.
- La mayoría de las personas decía que la iglesia no podría cambiar de ubicación por los retos que implicaba el uso de suelo; rechacé esa idea y quince años después, la iglesia ha cambiado su ubicación.
- La mayoría de las personas decía que si renunciaba a ser pastor principal de la iglesia, esta se debilitaría; rechacé esa idea y en la actualidad la iglesia es más grande que cuando yo la dirigía.

- La mayoría de las personas dijo que dejar mi carrera de pastor disminuiría mi efectividad con los pastores; rechacé esa idea y en la actualidad sirvo a más pastores que nunca.
- La mayoría de las personas dijo que sería casi imposible que enseñara liderazgo en el mundo de los negocios y alcanzar al mismo tiempo al mundo religioso; rechacé ese pensamiento y en la actualidad hago las dos cosas con mucho éxito.

Mis primeros años de nadar contra la corriente del pensamiento popular fueron los más difíciles para mí; carecía de experiencia y no tenía la confianza de algunos éxitos pasados. Mi pensamiento y mis decisiones poco comunes a menudo me hicieron impopular y evitaron que fuera "uno más del grupo". En la actualidad, es mucho más fácil nadar contra la corriente (es sorprendente lo que unos cuantos logros pueden hacer por la auto imagen y la confianza de una persona). En el presente, uno de mis mayores retos es mantener cerca de mí a personas que piensen de una forma diferente y me expresen esas diferencias; afortunadamente, tengo personas que hacen exactamente eso.

Si usted rechaza el pensamiento común y corriente y toma decisiones con base en lo que funciona mejor y lo que es correcto en vez de en lo que se espera normalmente, escuche esto: en sus primeros años no estará tan equivocado como las personas creerán que lo está y con el paso del tiempo le irá mejor de lo que creyó.

PREGUNTA DE REFLEXIÓN

*¿Rechazo de forma consciente las
limitaciones del pensamiento común para
lograr resultados poco comunes?*

Ponga en práctica el pensamiento
poco común

1. Aprecie la manera en la cual piensan otras personas al poner-
se en los zapatos de una persona innovadora. Acuda a una
librería o entre a *Amazon.com* y busque biografías, escoja un
libro acerca de alguien con quien normalmente no se sentiría
identificado o atraído; si le agradan los números y los hechos,
lea sobre un artista; si le interesa el arte, lea una biografía de
negocios; si evita la política, lea sobre un político; usted me
entiende. Lleve su mente a donde no va con frecuencia e intente apreciar el pensamiento del sujeto sobre quien está escrita
la biografía.

2. Aumente su capacidad de sentirse incómodo. Haga algo todos
los días de una manera diferente a la que está acostumbrado:
conduzca todos los días por un camino diferente a su oficina
o a la tienda de comestibles durante la semana, organice su
día de manera diferente a como normalmente lo hace, salga
con su pareja en un tipo diferente de cita, vaya a un concierto donde se interprete música diferente a la que normalmente
escucha, ¡sacuda su mente!

3. Todos tenemos aspectos en nuestras vidas que debían haber cambiado hace tiempo; ideas, procesos u objetos que fueron estupendos y revolucionarios cuando se crearon pero que necesitan cambiar. Encuentre algo de esa naturaleza y cámbielo; si tiene problemas en encontrar un aspecto de su vida que requiera cambios, pida ayuda a un amigo, a un colega o a su pareja.

Técnica 9

Participe del pensamiento compartido

> "Ninguno de nosotros es tan inteligente
> como todos nosotros juntos".
> —KEN BLANCHARD

¿En qué estaban pensando?

> "Deseo lo que es bueno; por tanto, quien sea que
> no esté de acuerdo conmigo es un traidor".
> —REY JORGE III DE INGLATERRA

A principios de 2002, me invitaron a reunirme y convivir un tiempo con una de las entrenadoras de básquetbol más grandes de todos los tiempos: Pat Summit, de la universidad de Tennessee. Me encanta el básquetbol; comencé a jugarlo cuando tenía diez años de edad, jugué durante los cuatro años de preparatoria y me reclutaron para jugar en la universidad. Fue mi pasión mientras crecía, así que desde luego que me sentí emocionado cuando me enteré de que podría conocer a Summit, ¿quién no lo estaría? Ella ha recibido más honores que cualquier otro entrenador, ¡con la excepción de John Wooden! Considere esta muestra de lo que ha logrado:

- Fue entrenadora del equipo olímpico de básquetbol femenil de los Estados Unidos que ganó la primera medalla de oro (1984).
- Ganadora de seis campeonatos nacionales de básquetbol femenil de la liga nacional universitaria de los Estados Unidos, la NCAA (1987, 1989, 1991, 1996, 1997, 1998).
- Ganadora de veinte campeonatos de básquetbol femenil de la conferencia sudeste, la SEC, de la NCAA.
- Ganadora del premio "John Bunn", el honor más alto que otorga el Salón de la Fama del Básquetbol, por toda una vida de logros extraordinarios en el básquetbol (1990).
- Fue entrenadora en una temporada invicta en 1997–98 (39-0).
- Introducida al Salón de la Fama del Básquetbol Femenil (1999).
- ESPN nombró a su equipo, las *Lady Vols*, el "Equipo de la Década" de los noventa.
- Introducida al Salón de la Fama del Básquetbol (2000).
- Nombrada "Entrenadora Universitaria Femenil del Siglo" por el Salón de la Fama del Básquetbol (Wooden fue su homólogo en la rama varonil).
- De las antiguas jugadoras de las *Lady Vols*, once llegaron a ser competidoras olímpicas, dieciséis fueron nombradas "Kodak All Americans", cincuenta y tres recibieron el título de "All-SEC" y veinticinco se convirtieron en jugadoras profesionales.
- Fue la entrenadora más joven en alcanzar trescientas victorias (a la edad de treinta y siete años).
- Una de diecisiete entrenadores universitarios que han ganado setecientos o más juegos.
- Demasiados premios de "Entrenadora del Año" como para enumerarlos aquí.

Me invitaron a visitar Knoxville porque la administradora del equipo de las *Lady Vols*, April Ford, me conoció a través de la capacitación de liderazgo que di a su madre, Karen Ford (a quien conoció en el capítulo 2). Evidentemente, Pat Summit también había leído algunos de mis libros, así que me invitó como "entrenador invitado".

Yo sabía que esta sería una experiencia formidable. Primero, tuve la oportunidad de pasar algunos minutos con Pat en su oficina, hablando acerca del trabajo en equipo y del liderazgo. Una de las mejores cosas que me dijo estaba relacionada con el reclutamiento de jugadores. Dijo que de los mil jugadores que llegan todos los años de las preparatorias para jugar básquetbol colegial, solo ocho o nueve tienen lo necesario para llevar a un equipo al campeonato nacional. Su meta cada año es reclutar a uno de esos jugadores; obviamente, ha tenido éxito con frecuencia.

Al terminar de hablar con Pat, tuve la oportunidad de hablar con el equipo antes de su juego contra el equipo *Old Dominion*; después, durante el partido, me senté justo tras la banca, donde pude escuchar lo que hablaban ella y las jugadoras. En el medio tiempo, pude ir al vestidor con ella y el equipo.

Me sorprendieron varias cosas respecto a Pat: primero, es muy cálida, pero extremadamente intensa. Es conocida por su competitividad, la cual atribuye en parte a tener un padre exigente y tres hermanos mayores muy competitivos. Una cita de su libro *Reach for the Summit* (*Esfuércese por alcanzar la cima*), dice todo lo que es necesario saber acerca de su deseo de ganar: "Nunca he tenido una temporada de fracasos, en nada. En cada temporada de básquetbol en la cual he participado, finalicé con un récord de victorias".[67]

Segundo, es una líder de pies a cabeza, lo cual es posible notar por la forma en que dirige al equipo, por la manera en que interactúa con sus entrenadores adjuntos y por cómo enseña y motiva a sus jugadoras. Es muy estratégica en su comunicación con cada jugadora; las observa y las escucha con cuidado para asegurarse de que están en sintonía con ella antes de entrenarlas.

Dice que demasiados entrenadores intentan dar instrucciones a sus jugadores sin haber establecido una base de entendimiento.

Pero le diré lo que más me impresionó de ella. Aun con su personalidad fuerte y su habilidad de liderazgo, ella elige practicar el pensamiento compartido. Permítame darle un ejemplo: al principio del medio tiempo se mantiene alejada de sus jugadoras y les permite interactuar entre ellas para hacer su propia valoración y diagnóstico del juego; comparten sus observaciones y soluciones sin ninguna opinión de la entrenadora (ella es muy estratégica para cultivar esta habilidad, contrata a un psicólogo que les enseñe a sus jugadoras cómo interactuar productivamente sin la participación de entrenadores). Mientras las jugadoras hablan, Pat se reúne con sus entrenadoras anexas para escuchar sus observaciones; después de diez minutos, todos se juntan. Los jugadores repasan sus hallazgos y sus propuestas de ajustes con Pat, y ella, junto con las demás entrenadoras, hace cualquier corrección necesaria a sus planes. Es un modelo de pensamiento compartido.

También es posible ver la manera en la cual Pat emplea el pensamiento compartido cuando llama a tiempo fuera. En los primeros quince segundos, ni siquiera ve a los jugadores, está demasiado ocupada recibiendo pensamientos de sus entrenadoras adjuntas. Cuando finalmente habla con las jugadoras, también acepta sus opiniones. Pat recuerda que durante un juego contra el equipo de Vanderbilt, mientras hablaba con sus entrenadoras adjuntas, Chamique Holdsclaw (tan solo una novata en ese entonces), tiró de la manga de Pat y la interrumpió: "Dame el balón", dijo, "Dame el *balón*". Pat se lo dio, Holdsclaw anotó y el equipo ganó.[68]

Por qué debe participar del pensamiento compartido

Los buenos pensadores, en especial quienes también son buenos líderes, entienden el poder del pensamiento compartido, saben que cuando valoran los pensamientos y las ideas de los demás,

reciben los resultados enriquecedores del pensamiento compartido y logran más de lo que jamás podrían haber logrado por ellos
mismos. Pat Summit no solo practica la participación del pensamiento compartido con su equipo, sino que también les enseña
cómo hacerlo a las jóvenes que juegan para ella.

Quienes participan del pensamiento compartido entienden
lo siguiente:

1. El pensamiento compartido es más rápido que el pensamiento solitario

Vivimos en un mundo verdaderamente acelerado. No podemos estar solos para funcionar a su ritmo tan rápido. Pienso
que la generación de hombres y mujeres jóvenes que ingresan a
la fuerza laboral en la actualidad sienten ese hecho con mucha
fuerza, quizás es por ello que valoran tanto la comunidad y por
lo cual es más posible que trabajen para una compañía que les
guste que para una que les pague bien. Trabajar con otras personas es como tomar un atajo.

Si usted desea aprender una nueva técnica rápidamente, ¿cómo
lo hace? ¿Lo intenta hacer y entender por usted mismo, o pide a
alguien que le enseñe? Siempre aprenderá más rápido de una persona con experiencia; ya sea que busque aprender a usar un nuevo programa de computadora, desarrollar su swing en el golf o
preparar un nuevo platillo.

Tendemos a pensar en los grandes pensadores y en los innovadores como personas que trabajan solas, pero la realidad es que el pensamiento innovador más extraordinario no ocurre en el vacío.

2. El pensamiento compartido es más innovador que el pensamiento solitario

Con frecuencia tendemos a pensar en los grandes pensadores y en los innovadores como personas que trabajan solas, pero

la realidad es que el pensamiento innovador más extraordinario no ocurre en el vacío, es resultado de la colaboración. En una ocasión, Albert Einstein comentó: "Muchas veces al día me doy cuenta de lo mucho que mi vida interna y externa está basada en la labor de los demás humanos, tanto vivos como muertos, y de cuán sinceramente debo esforzarme para regresar algo de lo mucho que he recibido".

El pensamiento compartido lleva a una mayor innovación, ya sea que mire la obra de los investigadores Marie y Pierre Curie, de los surrealistas Luis Brunel y Salvador Dali o de los autores John Lennon y Paul McCartney. Si usted combina sus ideas con las de otras personas ¡concebirá pensamientos que nunca antes había ideado!

3. El pensamiento compartido trae más madurez que el pensamiento solitario

A pesar de lo mucho que nos gustaría pensar que lo sabemos todo, cada uno de nosotros está consciente, quizá dolorosamente, de sus puntos débiles y de las áreas en las cuales carece de experiencia. Cuando comencé mi carrera como pastor tenía sueños y energía, pero muy poca experiencia. Para intentar superar ese problema, intenté hacer que varios pastores de renombre quienes dirigían iglesias en crecimiento, compartieran sus pensamientos conmigo. A principios de la década de 1970, escribí cartas a los diez pastores más exitosos del país ofreciéndoles lo que me parecía una gran cantidad de dinero en ese entonces (cien dólares) para que se reunieran conmigo por una hora y así poder hacerles preguntas. Cuando uno decía que sí, lo visitaba. Yo no

Si usted combina sus ideas con las de otras personas ¡concebirá pensamientos que nunca antes había ideado!

hablaba mucho, excepto para hacer algunas preguntas; no me encontraba ahí para impresionar a nadie o para satisfacer mi ego, estaba ahí para aprender. Escuchaba todo lo que decía, tomaba notas cuidadosas y absorbía todo lo que me era posible. Esas experiencias cambiaron mi vida.

Usted ha tenido experiencias que yo no he tenido y yo he tenido otras que usted no ha experimentado; juntos formaríamos una historia personal mucho más amplia, y con ello madurez. Si usted no tiene la experiencia que necesita, esté cerca de alguien que la tenga.

4. El pensamiento compartido es más fuerte que el pensamiento solitario

El filósofo y poeta Johann Wolfgang von Goethe dijo: "Aceptar un buen consejo no es más que aumentar la habilidad propia". Dos cabezas son mejor que una; cuando ambas piensan en la misma dirección, es como atar juntos a dos caballos para tirar de una carreta: son más fuertes juntos de lo que serían si cada uno tirara por separado; pero, ¿sabía que cuando tiran juntos son capaces de mover más peso que la suma de lo que podrían mover individualmente? Del trabajo conjunto surge la sinergia. Esa misma clase de energía entra en acción cuando las personas piensan juntas.

"Aceptar un buen consejo no es más
que aumentar la habilidad propia".
—Johann Wolfgang
von Goethe

5. El pensamiento compartido obtiene como ganancia un mayor valor que el pensamiento solitario

Ya que el pensamiento compartido es más fuerte que el solitario, es obvio que produce un mayor beneficio, lo cual ocurre a causa de la acción enriquecedora del pensamiento compartido; sin embargo, también ofrece otros beneficios. Puede recibir una estupenda retribución personal del pensamiento compartido y de las experiencias. Clarence Francis resume los beneficios en la siguiente observación: "Creo sinceramente que la palabra relaciones es la clave para la posibilidad de un mundo íntegro. Parece demasiado claro el hecho de que cualquier problema que tenga, en su familia, en su empleo, en nuestra nación o en este mundo, será en esencia un problema de relaciones, de interdependencia".

6. El pensamiento compartido es la única manera de tener pensamientos extraordinarios

Mi convicción es que toda idea extraordinaria comienza con tres o cuatro buenas ideas, y la mayor parte de las buenas ideas proviene del pensamiento compartido. El dramaturgo Ben Johnson dijo: "Aquel que sólo recibe enseñanza de sí mismo tiene a un necio por maestro."

"Aquel que sólo recibe enseñanza de sí mismo tiene a un necio por maestro".
—Ben Johnson

Cuando estaba en la escuela, los profesores colocaban el énfasis en que hiciéramos lo correcto y en ser mejores que los demás estudiantes; rara vez, en que trabajáramos juntos para obtener buenas respuestas; sin embargo, todas las respuestas mejoran cuando se hace el mejor uso del pensamiento de todos. Si cada uno de nosotros concibe un pensamiento y si juntos tenemos dos, entonces siempre tenemos el potencial de idear un pensamiento extraordinario.

Cómo participar del pensamiento compartido

Algunas personas participan del pensamiento compartido de manera natural. En cualquier momento en el cual ven un problema, piensan: *¿A quién conozco que pueda ayudarme con esto?* Los líderes tienden a pensar de ese modo, al igual que las personas extrovertidas; no obstante, no es necesario que usted sea ninguno de los anteriores para obtener los beneficios del pensamiento compartido. Use los siguientes pasos como ayuda para mejorar su habilidad de aprovechar el pensamiento compartido:

1. Valore las ideas de los demás

Primero, debe creer que las ideas de las demás personas tienen valor, pues si no lo hace, estará atado de manos. ¿Cómo sabe si en verdad quiere las opiniones de los demás? Hágase las siguientes preguntas.

- *¿Soy una persona emocionalmente segura?* Quienes carecen de confianza y se preocupan por su prestigio, su posición o su poder tienden a rechazar las ideas de los demás, a defender su territorio y a mantener a raya a las personas. Se requiere que una persona sea segura para considerar las ideas de los demás. Hace años, una persona emocionalmente insegura tomó una posición clave en mi mesa directiva; tras un par de reuniones, fue obvio para los demás miembros que este individuo no podría contribuir en ningún modo a la organización. Le pregunté a un líder experimentado de la mesa directiva: "¿Por qué esta persona siempre dice y hace cosas que obstaculizan nuestro progreso?". Nunca olvidaré su respuesta: "Las personas heridas hieren a otras personas".
- *¿Doy valor a las personas?* No valorará las ideas de una persona si no valora y respeta a la persona misma. ¿Alguna vez ha reflexionado en cómo actúa con las personas a quienes valora en comparación con aquellas a quienes no valora? Mire la diferencia:

Si valoro a las personas	Si no valoro a las personas
Quiero pasar tiempo con ellas	No quiero estar cerca de ellas
Las escucho	Descuido el escucharlas
Quiero ayudarlas	No les ofrezco ayuda
Ejercen influencia en mí	Las ignoro
Las respeto	Me son indiferentes

- *¿Valoro el proceso interactivo?* Con frecuencia, una sinergia maravillosa ocurre como resultado del pensamiento compartido, la cual puede llevarlo a lugares donde nunca ha estado. El editor Malcolm Forbes aseveró: "Escuchar un consejo puede lograr mucho más que hacerle caso". Debo aceptar que no siempre valoré el pensamiento compartido. Por muchos años, tendí a apartarme cuando quería desarrollar ideas, solo con reticencia trabajaba en ideas con otras personas. Cuando un colega me desafió al respecto de este comportamiento, comencé a analizar mi indecisión y me di cuenta de que databa de mi experiencia en la universidad, cuando algunos días en el salón de clase, podía notar que el profesor no estaba preparado para dar su lección y en vez de darla, utilizaba el tiempo de la clase haciéndonos dar nuestras opiniones mal informadas sobre un tema. La mayor parte del tiempo, las opiniones no parecían mejores que la mía; y yo había asistido a clase para que el profesor me enseñara. Me di cuenta de que el proceso de compartir ideas no era el problema, el problema era *quiénes* hablaban; el pensamiento compartido solo es tan bueno como quienes lo comparten. Desde que aprendí esa lección, he acogido el proceso interactivo y ahora creo que es uno de mis fuertes; con todo, siempre pienso acerca de las personas a quienes llevo a la mesa para una sesión de pensamiento compartido (posteriormente, en este mismo capítulo, le diré los parámetros que utilizo para escoger a quien invito).

Usted debe estar abierto a la *idea* de compartir ideas antes de entrar en el *proceso* del pensamiento compartido.

2. Vaya de la competencia a la cooperación

Jeffrey J. Fox, autor de *Cómo convertirse en director general*, dice: "Siempre esté en busca de ideas, no discrimine la fuente en lo absoluto; obtenga ideas de clientes, niños, competidores, otras industrias o conductores de taxi, no importa quién haya pensado en una idea".[69]

"Siempre esté en busca de ideas, no discrimine la fuente en lo absoluto; obtenga ideas de clientes, niños, competidores, otras industrias o conductores de taxi, no importa quién haya pensado en una idea".
—Jeffrey J. Fox

Una persona que valora la cooperación desea completar las ideas de los demás, no competir con ellas. Si alguien le pide que comparta ideas, concéntrese en ayudar al equipo, no en avanzar en lo personal, y si usted es quien reúne a las personas para compartir sus pensamientos, elogie más a la idea que a la fuente de la misma. Si la mejor idea siempre gana (en vez de que gane la persona que la presentó) entonces todos compartirán sus pensamientos con mayor entusiasmo.

3. Tenga objetivos establecidos cuando se reúna

Me encanta convivir con ciertas personas, ya sea que discutamos ideas o no. Estas personas son: mi esposa Márgaret, mis hijos, mis nietos y mis padres. Aunque con frecuencia discutimos ideas, no me molesta que no lo hagamos, somos una familia; sin embargo, cuando paso tiempo con casi cualquier otra persona en mi vida, tengo objetivos establecidos, sé lo que quiero lograr.

Mientras más respeto la sabiduría de una persona, más la escucho. Por ejemplo, cuando me reúno con alguien a quien estoy aconsejando, lo dejo hacer las preguntas, pero espero ser yo quien más hable; cuando me reúno con alguien que me aconseja a mí, como Bill Bright, mantengo la boca cerrada la mayor parte del tiempo; en otras relaciones, el dar y recibir es más equilibrado; pero sin importar con quién me reúna, tengo una razón para hacerlo y una expectativa de lo que daré y obtendré de ello, lo cual se aplica tanto a negocios como a placer.

4. Traiga a la mesa a las personas indicadas

El mayor secreto para ganar en el pensamiento compartido es tener a las personas adecuadas en la mesa. ¿Recuerda a Pat Summit y a las Lady Vols? Al final del medio tiempo, les Pat preguntó a todas sus entrenadoras si tenían algo que agregar; después, se volvió hacia mí y dijo: "¿Tiene algo que añadir?" En ese momento, sabía que estaba siendo amable con su "entrenador invitado", pero yo no tenía nada de valor que compartir, estaba completamente fuera de mi liga. Pat tampoco me llamó al círculo durante los tiempos fuera en la segunda mitad del partido, ¿por qué? Porque yo no tenía nada con qué contribuir. ¡Bendito el que sabe cuándo mantener la boca cerrada!

Para obtener algo valioso del pensamiento compartido, necesita tener personas en la mesa que lleven algo *a* ella. Cuando se prepare para pedir a otras personas que participen del pensamiento

El mayor secreto para ganar en el pensamiento compartido es tener a las personas adecuadas en la mesa.

compartido, utilice los siguientes criterios para el proceso de selección. Elija:

- Personas cuyo mayor deseo sea el éxito de las ideas.
- Personas que puedan añadir valor a los pensamientos de otros.
- Personas que puedan manejar cambios rápidos en la conversación.
- Personas que aprecien los puntos fuertes de los demás en sus áreas de debilidad.
- Personas que entiendan el valor de su posición en la mesa.
- Personas que puedan hacer surgir el mejor pensamiento de las personas que las rodeen.
- Personas que posean madurez, experiencia y éxito en el asunto que se discuta.
- Personas que asumirán responsabilidad y compromiso por las decisiones.
- Personas que dejarán la mesa con una actitud de "nosotros" no una de "yo".

Con demasiada frecuencia elegimos a nuestros compañeros de reflexión creativa con base en los sentimientos, la amistad, las circunstancias o la conveniencia; pero eso no nos ayuda a descubrir las ideas más elevadas. Lo que marcará la diferencia serán las personas a quienes invitemos a la mesa.

5. *Compense bien a los buenos pensadores y colaboradores*

Las organizaciones exitosas practican el pensamiento compartido. Si usted dirige una organización, un departamento o un equipo, no puede permitirse no estar con individuos hábiles en el pensamiento compartido. Una vez que contrate a las personas, busque buenos pensadores que valoren a los demás, que tengan experiencia y sean emocionalmente seguros. Después, págueles bien y rételos a usar sus habilidades de pensamiento y a compartir sus ideas con frecuencia. Nada añade tanto valor como muchos buenos pensadores que juntan sus mentes.

Esfuerzo en equipo

Sin importar lo que intente lograr, podrá hacerlo mejor con la ayuda del pensamiento compartido; es por ello que paso gran parte de mi vida enseñando acerca del liderazgo. El buen liderazgo ayuda a reunir a las personas indicadas en el lugar indicado para el propósito indicado, con el fin de que todos ganen. Creo tanto en el pensamiento compartido que entro en ese proceso aun al escribir un libro.

La mayoría de las personas piensa que los libros son el producto de una sola mente; en algunas ocasiones eso es cierto, en especial entre los escritores de ficción y los poetas (aunque Stephen King, quizás el novelista más popular de nuestro tiempo, atribuye su éxito a su esposa), pero como cualquier otra cosa, un libro es mejor cuando es producto del pensamiento compartido.

Cuando comencé a trabajar en este libro, pasé mucho tiempo reflexionando para averiguar cómo pienso y para considerar los hábitos de pensamiento de las personas exitosas; después elaboré un resumen del libro. No pasó mucho tiempo antes de que comenzara a involucrar a otros buenos pensadores en el proceso. En un principio, comencé a comentar ideas con mi redactor, Charlie Wetzel; también obtuve opiniones de mi editor, Rolf Zettersten. Durante estas etapas iniciales, determinamos el título del libro.

Una vez que obtuvimos el título y el resumen básico, formé un equipo de pensadores buenos y creativos, con el fin de realizar lluvias de ideas para el libro. Ese grupo incluía a:

- Dick Biggs
- Kevin Donaldson
- Linda Eggers
- Tim Elmore
- John Hull

- Gabe Lyons
- Larry Maxwell
- Kevin Myers
- Dan Reiland
- Kevin Small
- J. L. Smith
- Dave Sutherland
- Charlie Wetzel
- Kathie Wheat

De manera individual, consulté a algunas de estas personas, pero llevé a la mayoría de ellas a una habitación para un maravilloso tiempo de pensamiento sinérgico; entonces, Kathie Wheat, mi asistente de investigación, comenzó a cooperar con historias e información; y mientras Charlie y yo terminábamos capítulos, su esposa, Stephanie y mi esposa, Margaret, los leían y daban sus valiosas opiniones, ayudándonos a descubrir cosas que habíamos pasado por alto; también envié algunos capítulos a individuos que son especialmente hábiles en algún tipo de pensamiento.

¿Habría podido escribir solo este libro? Por supuesto. ¿Es mejor ahora porque pedí a otras personas que me ayudaran? ¡Definitivamente! Mis amigos y colegas me hacen mejor de lo que soy cuando estoy solo, y lo mismo puede ocurrir con usted; todo lo que se necesita es a la gente indicada y una disposición para participar en el pensamiento compartido.

PREGUNTA DE REFLEXIÓN

*¿Incluyo constantemente las mentes de los
demás para pensar por encima de la mía
y lograr resultados enriquecedores?*

Ponga en práctica el pensamiento compartido

1. ¿Qué tan bien practica el pensamiento compartido? Cuando
enfrenta un reto difícil o una situación problemática, ¿su tendencia natural lo lleva a incluir otras personas en el proceso de
pensamiento o no? Califíquese en una escala del 1 al 10, en la
cual el 1 indica que *nunca* incluye a los demás y el 10 que casi
siempre invita a otras personas a compartir sus ideas. Escriba
aquí su puntuación:

_____

_____

_____

Si se dio una calificación menor a siete, entonces necesita examinar su interior. Indique por qué es reacio a incluir a otras
personas en el proceso:

_____ No doy un valor alto a las personas.
_____ No valoro el proceso interactivo de pensamiento.
_____ No soy una persona muy segura.
_____ Otra:

Y busque hacer cambios que lo ayuden a enfrentar este
problema.

2. Si aún no tiene una, cree una lista de buenos pensamientos y sus áreas de destreza. Después, la siguiente ocasión que tenga un problema o tarea que valga la pena resolver, revise su lista y reúna a personas que puedan añadir valor, de acuerdo con los criterios dados en este capítulo, acerca de las personas a quienes debe llevar a la mesa.

Pensador	Destreza

3. Revise su agenda para la semana siguiente, examine cada cita o actividad que haya listado y piense en sus objetivos para cada una. Tome algún tiempo para aclarar lo que quiere obtener de la interacción con cada persona (o lo que espera de él o ella). Escriba preguntas o ideas en su agenda o en una ficha si es necesario; después, cuando se reúna con alguien, asegúrese de cubrir sus objetivos; posteriormente, escriba cualquier idea que surja. Podría sorprenderse de lo productivo que se volverá su tiempo.

Técnica 10

Experimente la satisfacción del pensamiento desinteresado

> "No podemos sostener una antorcha que ilumine el camino de otro sin alumbrar el nuestro".
>
> —BEN SWEETLAND

¿En qué estaban pensando?

> "Si es verdad que estamos aquí para ayudar a los demás, ¿entonces para qué exactamente están aquí los demás?".
>
> —ANÓNIMO

Hasta ahora, hemos discutido muchos tipos de pensamiento en este libro, los cuales pueden ayudarlo a conseguir más logros. Cada técnica tiene el potencial para hacerlo más exitoso. Ahora, quiero que se familiarice con un tipo de pensamiento que posee el potencial de cambiar su vida de un modo diferente; hasta podría redefinir la manera en la cual ve el éxito. Permítame comenzar con una historia.

El largo camino del éxito

En 1885, un joven llamado George usó cada centavo que poseía para viajar a Highland, Kansas. Se sentía emocionado por haber sido aceptado en la universidad de Highland, pues obtener una educación siempre había sido la meta que lo conducía. Cuando era menor, él y su hermano caminaban quince kilómetros de ida y regreso hacia la escuela para comenzar su educación. A la edad de doce años, dejó su hogar para siempre para asistir a la preparatoria, sosteniéndose realizando labores domésticas similares a lo que hacía en su casa, en la granja. A los veinte años, estaba listo para comenzar la universidad; sin embargo, cuando llegó a la universidad de Highland, sus esperanzas se frustraron: aunque habían aceptado su solicitud, los funcionarios de la escuela lo rechazaron cuando descubrieron que era negro.

Durante varios años después de esta experiencia, George intentó establecer una finca. Tenía habilidad para cultivar plantas, pero su deseo de continuar su educación lo llevó de regreso a su meta. En 1890 intentó inscribirse de nuevo en la escuela; en esta ocasión, lo aceptaron en la universidad Simpson, la cual aceptaba estudiantes sin importar su raza. Abrió una lavandería para sostenerse y estudió pintura y piano.

Por todos fue dicho que George sobresalió en las artes: una de sus obras obtuvo el primer lugar en la feria mundial de 1893, en Chicago; escribió poesía, que fue publicada en algunos periódicos; y tenía talento musical. En 1981 cuando se trasladó a la universidad Iowa State, continuó trabajando en las artes, pero también persiguió otros intereses: se volvió entrenador de los equipos de atletismo de la escuela; se unió al regimiento militar del campus, donde alcanzó el rango máximo del grupo (capitán); y dirigió la YMCA (Asociación Cristiana de Jóvenes) y el Club de Debate.

Pero George también efectuó otro cambio mientras se encontraba en la universidad Iowa State: cambió su especialidad, de arte a agricultura. ¿Por qué lo hizo, en especial cuando amaba tanto el arte? James Wilson, antiguo decano de agricultura en Iowa State, menciona la razón en esta carta dirigida a George:

Recuerdo cuando te conocí, dijiste que querías obtener una educación en agricultura para ayudar a tu raza; nunca he escuchado algo más hermoso que eso, dicho por un estudiante. Conozco el gusto que tienes por la pintura y el éxito que has obtenido en esa línea, y te pregunté: "¿Por qué no llevar más allá tus estudios en esa especialidad?" Cuando respondiste que la pintura no sería de ningún valor para tus hermanos de color, también fue magnífico.[70]

George resumió sencillamente el cambio en sus estudios diciendo que el arte "no le hará tanto bien a mi gente".[71]

George Washington Carver recibió su título en agricultura por parte de la universidad Iowa State; y su excelencia en los campos de botánica y horticultura impulsaron a dos profesores a animarlo a quedarse como estudiante de postgrado y obtener su maestría, lo cual hizo, y en el proceso trabajó como botánico adjunto en la Estación Experimental de la universidad; hizo una especialidad en patología y micología vegetal y se convirtió en el primer afroamericano en ser parte del profesorado de la universidad Iowa State.

El siguiente paso

En abril de 1896, Carver recibió una oferta inusual de parte del doctor Booker T. Washington del Instituto Tuskegee: "¿Le gustaría quedarse como maestro y ser el director de la Escuela de agricultura?". También le dijo:

No puedo ofrecerle dinero, posición o fama; ya tiene las primeras dos y sin duda, del puesto que ahora ocupa obtendrá la última. A todo lo anterior le pido que renuncie y en su lugar le ofrezco trabajo, trabajo arduo; la tarea de elevar a las personas, de la degradación, la pobreza y el desperdicio a la madurez total. Su departamento existe solo en papel y su laboratorio tendrá que estar en su mente.[72]

Carver pudo haber vivido una vida cómoda en Iowa, era respetado como profesional y un miembro aceptado en la comunidad, donde ya había establecido buenas relaciones; no obstante, lo dejó todo para mudarse a Alabama, en el corazón del sur de Norteamérica, donde se le consideraría un ciudadano de segunda clase. Lo hizo porque practicaba el pensamiento desinteresado y quería ayudar a las personas que se encontraban en circunstancias más difíciles que la suya.

Mientras se encontraba en el Instituto Tuskegee, Carver se ganó el respeto de grandes inventores, como Thomas Edison y Henry Ford, así como el de varios presidentes de los Estados Unidos. Sus investigaciones y descubrimientos agronómicos mejoraron la agricultura en todo el país y tuvo especial éxito en ayudar a los granjeros negros pobres del sur. El desarrollo de un programa de alcance para sacar las clases del salón y llevarlas a donde estaban las personas, cambio la vida de miles; y logró todo con recursos y apoyo mínimos.

Si Carver hubiese concentrado su atención en patentar sus hallazgos o en edificar un negocio con sus descubrimientos, como lo hicieron Thomas Edison y Henry Ford, podría haberse convertido en un hombre muy rico, pero esa nunca fue su meta; pasó su vida entera centrado en el pensamiento desinteresado intentando ayudar a los demás. Carver explicó su filosofía de este modo: "Lo que cuenta no es el estilo de ropa que uno vista, ni el tipo de automóvil que uno conduzca o la cantidad de dinero que uno posea en el banco; estas cosas no significan nada, lo que mide el éxito es el servicio". George Washington Carver encontró más que éxito. Al pensar más allá de sí mismo, le encontró significado a su vida.

George Washington Carver encontró más que éxito. Al pensar más allá de sí mismo, le encontró un significado a su vida.

Por qué debe esforzarse por conseguir el pensamiento desinteresado

Con frecuencia, el pensamiento desinteresado puede brindar un mayor beneficio que cualquier otro tipo de pensamiento. Dé un vistazo a algunos de estos beneficios:

1. El pensamiento desinteresado trae satisfacción personal

Pocas cosas en la vida traen mayor retribución personal que ayudar a los demás. Charles H. Burr creía: "Por lo general, quienes buscan obtener no obtienen felicidad; pero quienes buscan dar, la consiguen". Ayudar a las personas produce una gran satisfacción. Cuando usted pasa su día sirviendo desinteresadamente a otras personas, puede recostarse en la noche sin ningún arrepentimiento y dormir profundamente. En *Bringing Out the Best in People* (*Cómo sacar lo mejor de las personas*), Allan Loy McGinnis comentó: "No hay ocupación más noble en el mundo que ayudar a otro ser humano, ayudar a alguien a tener éxito".

"No hay ocupación más noble en el mundo que ayudar a otro ser humano, ayudar a alguien a tener éxito".
—Allan Loy McGinnis

Aun si usted ha pasado gran parte de su vida buscando ganancias egoístas, nunca es demasiado tarde para tener un cambio de actitud. Hasta la persona más miserable, como el Scrooge de Charles Dickens puede dar un giro a su vida y cambiar la de los demás. Eso es lo que hizo Alfred Nobel cuando vio su propio obituario en un diario (su hermano había muerto y el editor escribió acerca del Nobel equivocado diciendo que los explosivos que su compañía fabricaba habían matado a muchas personas) y desde entonces hizo un voto de promover la paz y reconocer las contribuciones a la humanidad. Así fue como se crearon los premios Nobel.

2. El pensamiento desinteresado añade valor a los demás

En 1904, Bessie Anderson Stanley escribió la siguiente definición de éxito en la *Brown Book Magazine*:

> Ha conseguido el éxito aquél que ha vivido bien, que ha reído frecuentemente y que ha amado mucho; quien ha disfrutado la confianza de mujeres puras, el respeto de hombres inteligentes y el amor de niños pequeños; quien ha desempeñado su papel y cumplido su tarea; quien ha dejado al mundo mejor de lo que lo encontró, ya sea con un remedio, un poema perfecto, o un alma rescatada; quien siempre ha apreciado la belleza de la tierra y no ha fallado en expresarla; quien siempre ha buscado lo mejor de los demás y les ha dado lo mejor que tiene; aquel cuya vida fue una inspiración y cuya memoria es una bendición.

Cuando usted deja de pensar en sí mismo y hace una contribución a los demás, comienza a vivir en verdad.

3. El pensamiento desinteresado fomenta otras virtudes

Cuando uno ve a un niño de cuatro años, es normal observar que sea egoísta; pero cuando es egoísta en un hombre de cuarenta, es terrible, ¿verdad?

De todas las cualidades que una persona puede buscar, el pensamiento desinteresado es el que más ayuda a cultivar otras virtudes. Pienso que eso se debe a que la capacidad de dar de forma desinteresada es muy difícil, ya que va en contra de la esencia de la naturaleza humana; pero si usted puede aprender a pensar desinteresadamente y se convierte en un dador, entonces se vuelve más fácil desarrollar otras muchas virtudes, como gratitud, amor, respeto, paciencia, disciplina, etc.

4. El pensamiento desinteresado aumenta la calidad de vida

El espíritu de generosidad que crea el pensamiento desinteresado permite que las personas aprecien la vida y entiendan los valores más altos de la misma. Ver a quienes se encuentran en necesidad y dar para satisfacer esa necesidad da una mejor perspectiva y aumenta la calidad de vida de quien da y de quien recibe. Por eso creo que:

> No hay vida tan vacía como la que está
> centrada en uno mismo.
> No hay vida tan centrada como la
> que está vacía de uno mismo.

No hay vida tan vacía como la que está centrada en uno mismo.

No hay vida tan centrada como la que está vacía de uno mismo.

Si usted desea mejorar su mundo, concentre su atención en ayudar a los demás.

5. El pensamiento desinteresado lo hace ser parte de algo mucho mayor que usted

Merck y compañía, la corporación farmacéutica global, siempre se ha visto a sí misma como una empresa que hace más que fabricar productos y generar ganancias; desea servir a la humanidad. A mediados de la década de 1980, la compañía desarrolló un fármaco para curar la oncocecosis, una enfermedad que provoca ceguera en millones de personas, en especial en los países en vías de desarrollo. Aunque era un buen producto, los compradores potenciales no podían costearla, y ¿qué hizo Merck? Desarrolló el fármaco de todos modos. Y en 1987, anunció que daría la medicina gratuitamente a todo el que la necesitara. Hasta 1998, la compañía ha regalado más de doscientos cincuenta millones de tabletas.[73]

George W. Merck dice: "Intentamos no olvidar nunca que la medicina es para las personas, no para las ganancias; las ganancias son secundarias y, ya que lo hemos recordado, nunca hemos dejado de tenerlas". ¿Cuál es la lección? Sencillo, en vez de intentar ser grande, sea parte de algo más grande que usted.

6. *El pensamiento desinteresado crea un legado*

Jack Balousek, presidente y operador en jefe de True North Communications (un grupo de agencias de publicidad, marketing, relaciones públicas y comunicación, el cual es de los más grandes y de mayor influencia en el mundo), dice: "Aprender, ganar y dar; son las tres etapas de la vida. El primer tercio debe dedicarse a la educación; el segundo tercio a construir una carrera y a ganarse la vida; y el último, a dar a los demás. Hay que regresar algo por gratitud. Cada etapa parece ser una preparación para la siguiente".

Si usted es exitoso, es posible que deje una herencia *para* los demás [como dinero, instituciones y cosas], pero si usted desea hacer más, como crear un legado, entonces necesita dejarlo *en* los demás [hijos, discípulos y personas]. Cuando usted piensa desinteresadamente e invierte *en* otras personas, usted obtiene la oportunidad de crear un legado que perdurará.

Cómo experimentar la satisfacción del pensamiento desinteresado

La mayoría de las personas reconocen el valor del pensamiento desinteresado y la mayoría estaría de acuerdo en que es una técnica que les gustaría desarrollar; sin embargo, muchas personas no saben cómo cambiar su manera de pensar. Para comenzar a cultivar la técnica de pensar desinteresadamente, le recomiendo que haga lo siguiente:

1. Ponga primero a los demás

¡El proceso comienza al darse cuenta de que no todo gira en torno a usted! Lo cual requiere de humildad y de cambiar nuestro centro de atención. En *The Power of Ethical Management* (*el poder de la administración ética*), Ken Blanchard y Norman Vincent Peale escribieron: "Las personas humildes no piensan menos de sí mismos, simplemente piensan menos en sí mismos".

> "Aprender, ganar y dar;
> estas son las tres frases de la vida".
> —Jack Balousek

Si usted quiere volverse menos egoísta en su pensamiento, necesita dejar de pensar en sus deseos y comenzar a concentrarse en las necesidades de los demás. El apóstol Pablo exhortó: "Nada hagáis por contienda o por vanagloria; antes bien con humildad, estimando cada uno a los demás como superiores a él mismo; no mirando cada uno por lo suyo propio, sino cada cual también por lo de los otros".[74] Haga un compromiso mental y emocional de preocuparse por los intereses de los demás.

2. Expóngase a situaciones donde las personas tengan necesidades

Es diferente creer que usted está dispuesto a dar de forma desinteresada, a llevarlo a cabo. Para realizar la transición, necesita colocarse en una posición en la cual pueda ver las necesidades

> "Las personas humildes no piensan
> menos de sí mismos, simplemente
> piensan menos en sí mismos".
> —Ken Blanchard
> Norman Vincent Peale

de las personas y hacer algo al respecto; una vez lo haga, siga el consejo de Tod Barnhart, autor de *The Five Rituals of Wealth* (*Los cinco rituales de la riqueza*). Uno de sus cinco rituales dice: "Sea contundente, ¡debe dar para poder vivir!" Ese es su consejo:

> Dé a todos los que pidan. Creo firmemente que nuestro propósito en la vida es intentar cambiar las vidas de quienes nos rodean. (…) Doy algo, sin importar lo pequeño que sea, a todo el que me lo pide (…) es divertido, en especial si no se hace por obligación; créame, cambiará la manera en que piensa acerca de usted mismo y de su dinero.[75]

Su manera de dar no es importante al principio; puede servir en su iglesia, hacer donaciones a un banco de alimentos, ofrecerse como voluntario para servicios profesionales o dar dinero a una organización caritativa. El objetivo es aprender a dar y también cultivar el hábito de pensar como un dador.

3. *Dé en silencio o de manera anónima*

Una vez que haya aprendido a dar algo de usted mismo, el siguiente paso es aprender a dar cuando no pueda recibir nada a cambio. Casi siempre es más fácil dar cuando se recibe reconocimiento, que cuando nadie se entera; sin embargo, quienes dan con el fin de ostentar, ya han recibido con eso toda la gratificación que les será posible obtener. Hay beneficios espirituales, mentales y emocionales que solo obtienen quienes dan de forma anónima. Si nunca antes lo ha hecho, inténtelo.

Tengo algunos amigos que "adoptan" una familia todos los años en Navidad. Visitan una oficina de asistencia para que elijan a la familia, la cual por lo general es una de un solo padre, que de otro modo no sería capaz de costear la Navidad. Mis amigos y sus hijos planean la cena, compran regalos y se aseguran de que la Navidad de esa familia sea especial. Después, la agencia entrega los obsequios, para que mis amigos puedan mantenerse en el anonimato; lo único que piden mis amigos es una fotografía de la familia para poder orar por ellos (me enteré de esa costumbre suya porque les pregunté acerca de una fotografía que tenía en su refrigerador). Mis amigos dicen que con frecuencia esta actividad es el punto cumbre de la Navidad para su familia.

4. Invierta intencionalmente en las personas

El nivel más alto de pensamiento desinteresado llega cuando usted da de sí mismo a otra persona para su desarrollo o bienestar personal; si usted es casado o es padre de familia, lo sabe por experiencia propia. Qué es lo que su pareja valora más: ¿dinero en el banco o el que dé libremente de su tiempo? Qué es lo que en verdad desearía de usted un niño pequeño: ¿un juguete o su atención completa? Las personas que lo aman prefieren tenerlo a usted que tener lo que usted pueda darles.

Si quiere convertirse en la clase de persona que invierte en los demás, considere a los demás y su desarrollo personal para poder colaborar con ellos. Cada relación es como una colaboración creada para beneficio mutuo, cuando se empiece a relacionar, piense en cómo quiere invertir en la otra persona, para que se convierta en una situación en la cual ambos ganen. La siguiente es la manera en que por lo general funcionan las relaciones:

Yo gano, tú pierdes — sólo gano una vez.

Tú ganas, yo pierdo — tú solo ganas una vez.

Ambos ganamos — ganamos muchas veces.

Ambos perdemos — ¡adiós colaboración!

Si las mejores relaciones son aquellas en las cuales ambos ganan, ¿por qué las personas no establecen relaciones con esa actitud? Le diré por qué: la mayoría quiere asegurarse de ganar primero. Por otro lado, los pensadores desinteresados entran a una relación y se aseguran de que la otra persona gane primero, lo cual marca toda la diferencia.

Mi vida cambió en 1975 cuando leí un libro escrito por Zig Ziglar con el título *See You at the Top* (*Nos vemos en la cima*), en el cual encontré las siguientes palabras, que fueron la chispa que me animó a aprender el pensamiento desinteresado: "Si usted ayuda a los demás a lograr lo que desean, ellos lo ayudarán a lograr lo que usted desea".

¡No me di cuenta de que mi deseo de añadir valor a los demás sería lo que me añadiría valor a mí!

De inmediato adopté este principio y comencé a practicar el pensamiento desinteresado. Fundé tres compañías con el deseo de invertir en otras personas. Formé INJOY para ayudar a los pastores a aprender cómo ser líderes más efectivos. Los servicios de administración de INJOY comenzaron cuando un empresario me pidió que ayudara a su iglesia a reunir fondos para construir un auditorio. EQUIP surgió de mi deseo de levantar de forma intencional a un millón de líderes. ¡No me di cuenta de que mi deseo de añadir valor a los demás sería lo que me añadiría valor a mí!

5. Verifique continuamente sus motivos

François de la Rochefoulcauld dijo: "Con frecuencia, lo que parece ser generosidad no es más que ambición disfrazada, la cual pasa por alto un interés pequeño con el fin de asegurarse uno grande". Lo más difícil para la mayoría de las personas es luchar contra su tendencia natural de colocarse a sí mismos en primer lugar, de ahí la importancia de examinar continuamente sus motivos para asegurarse de no estar retrocediendo hacia el egoísmo.

¿Quiere verificar sus motivos? Entonces siga el modelo de Benjamín Franklin, quien se hacía dos preguntas todos los días. Cuando se levantaba por la mañana, se preguntaba: "¿Qué bien haré hoy?" Y antes de acostarse se preguntaba: "¿Qué bien hice hoy?" Si usted puede responder a esas preguntas con desinterés e integridad, podrá mantenerse en buen camino.

Dé mientras viva

En el otoño de 2001, todos presenciamos una demostración de pensamiento desinteresado diferente a todo lo que habíamos visto en muchos años en los Estados Unidos. ¿Quién puede olvidar el 11 de septiembre? Yo acababa de terminar una clase de liderazgo cuando mi asistente, Linda Eggers, entró al estudio para anunciar la noticia trágica. Como la mayoría de los estadounidenses, me mantuve adherido todo el día al televisor y escuché los reportes de los bomberos y oficiales de policía que corrieron a las torres del World Trade Center para ayudar a los demás sin preocuparse por su propia seguridad.

En los días que siguieron a la tragedia, millones de estadounidenses expresaron un gran deseo de hacer algo que ayudara a la situación; yo tenía el mismo deseo. Estaba programado que INJOY diera una capacitación vía retransmisión simultánea el 15 de septiembre, el sábado siguiente a la tragedia. Nuestro equipo de liderazgo decidió añadir al final de la retransmisión un programa de hora y media llamado *America Prays* (*América ora*), en el cual, mi amigo Max Lucado escribió y leyó una oración que expresaba el clamor de los corazones de millones de personas; Franklin Graham oró por nuestros líderes nacionales; Jim y Shirley Dobson dieron consejos a los padres sobre cómo ayudar a sus hijos a lidiar con el suceso; y Bruce Wilkinson y yo pedimos a quienes observaban la retransmisión que dieran recursos financieros para los heridos el 11 de septiembre. Sorprendentemente, se reunieron 5.9 millones de dólares, los cuales Visión Mundial aceptó amablemente distribuir a aquellos que lo necesitaran. Al pensar y dar de forma desinteresada se transformó una hora muy oscura en una de luz y esperanza.

Menos de dos semanas después de la tragedia, tuve la oportunidad de viajar a la zona cero, en la ciudad de Nueva York. Fui a ver el sitio de la destrucción, a agradecer a los hombres y mujeres que limpiaban los restos y a orar por ellos. Lo que diga no hace justicia a lo que realmente vi. He viajado docenas de veces a Nueva York, es uno de mis lugares preferidos en el mundo, mi esposa y yo habíamos subido con nuestros hijos a las torres en muchas ocasiones y teníamos recuerdos maravillosos de esa área. Ver el lugar donde alguna vez estuvieron los edificios y no ver nada más que escombros, polvo y metales retorcidos fue sencillamente indescriptible.

De lo que muchos estadounidenses no se dieron cuenta, es que durante meses después hubo personas trabajando con diligencia para limpiar el sitio, muchas de las cuales eran bomberos y otros trabajadores de la ciudad, pero otros más eran voluntarios que trabajaron veinticuatro horas, siete días a la semana. Cuando encontraban los restos de alguna persona entre los escombros, llamaban a un momento de silencio y los sacaban con respeto.

Ya que soy un clérigo, se me pidió que portara un alzacuello al entrar al área; mientras caminaba, muchos trabajadores vieron el alzacuello y me pidieron que orara por ellos; fue, humildemente, un privilegio.

El educador estadounidense Horace Mann dijo: "Si al morir no has logrado alguna victoria para la humanidad, considéralo una vergüenza". De acuerdo con este requisito, los bomberos de Nueva York definitivamente están preparados para la muerte, pues el servicio que realizan es en ocasiones verdaderamente heroico. Quizá nunca será necesario que usted y yo demos nuestras vidas por alguien más, pero podemos darles de distintas maneras. Podemos ser pensadores desinteresados que coloquen en primer lugar a los demás con el fin de que puedan ir más lejos de lo que creyeron era posible.

"Si al morir no has logrado alguna victoria para la humanidad, considéralo una vergüenza".
—Horace Mann

PREGUNTA DE REFLEXIÓN

*¿Considero continuamente a los demás
y su desarrollo para actuar con la
máxima colaboración en mente?*

Ponga en práctica el pensamiento desinteresado

1. ¿Desea cambiar hasta que pueda darles el primer lugar a los demás y desarrollar y mantener motivos desinteresados? Entonces establezca metas desinteresadas. Piense en algunas acciones que podría realizar para ayudar a los demás, las cuales no lo beneficien a usted de ninguna manera (a excepción de que obtenga satisfacción interna). Establezca una cantidad de dinero que quiera donar este año (de forma anónima, si es posible), decida un número de horas a la semana que empleará en servir a otras personas, encuentre un ministerio o una causa a la cual desea ayudar a tener éxito (no necesariamente intente dirigirla, pero asesórelos en lo que sea que le pidan). El que usted establezca metas y busque maneras de alcanzarlas, lo auxiliará a comenzar a pensar de una forma más desinteresada. ¿Cómo va usted a ayudar?

_____

_____

_____

2. En muchos casos, las acciones más gratificantes llegan cuando las personas obedecen a un deseo interior de satisfacer las necesidades de otra persona. Durante la semana siguiente, afine su radar intuitivo para buscar necesidades humanas. Cuando

perciba una necesidad y se sienta movido a ayudar, siga esa inclinación; si *en verdad* quiere convertirse en un mejor pensador desinteresado intente buscar continuamente necesidades por un período prolongado de tiempo (como un año).

3. Invertir en una persona al final retribuye la mayor recompensa, ya que su resultado es cambiar vidas. Piense en lo que tiene usted que pueda invertir en otras personas, ¿qué habilidades posee que significarían un beneficio para alguien?, ¿qué experiencias ha tenido en la vida que puedan ayudar a otros? o ¿de qué recursos goza que deban compartirse?

_____

_____

_____

Una vez que tenga en claro lo que tiene para dar, busque a alguien con necesidad y potencial que estaría contento de recibirlo, e invierta en esa persona.

4. La próxima vez en que logre un acuerdo o desarrolle una relación profesional, busque un beneficio tanto para usted como para la otra persona; si ninguno de los dos obtendrá un beneficio, no siga con ese acuerdo. Y una vez haya determinado lo que será bueno para ambos, realice el esfuerzo de garantizar que la otra persona gane primero.

Técnica 11

Disfrute de los beneficios del pensamiento enfocado en las ganancias

"No hay reglas aquí; estamos intentando lograr algo".
—THOMAS EDISON,
inventor

¿En qué estaban pensando?

"Una estación de autobús es donde se detiene un autobús; una estación de tren es donde se detiene un tren; en mi escritorio tengo una estación de trabajo".
—ANÓNIMO

¿Cómo averiguar cual es la ganancia que busca su organización, empresa, departamento, equipo o grupo? En muchas empresas, los dividendos son lo principal; las utilidades determinan si ésta tiene éxito. Pero el dinero no siempre debe ser la medida primordial del triunfo. ¿Mediría el éxito final de su familia a través del dinero que obtuviera al final del mes o del año? Y si usted dirige una organización voluntaria o sin fines de lucro, ¿cómo sabe si está desempeñándose a su mayor potencial? ¿de qué forma puede lograr pensar en sus ganancias en esa situación?

Las ganancias sin lucro

Frances Hesselbein debió hacerse exactamente la pregunta anterior en 1976, cuando se volvió directora ejecutiva nacional de Girl Scouts of America (niñas exploradoras de Estados Unidos). Cuando se comprometió por primera vez con Girl Scouts, lo último que esperaba era dirigir la organización. Ella y su esposo, John, eran socios de Hesselbein Studios, un pequeño negocio familiar que filmaba comerciales y películas promocionales; ella escribía los guiones y él hacía las películas. A principios de 1950, la contrataron como líder voluntaria de tropa en la iglesia Second Presbyterian Church (segunda iglesia presbiteriana) de Johnstown, Pennsylvania, lo cual también fue inusual, ya que no tenía hijas, solo un hijo, pero estuvo de acuerdo en hacerlo de forma temporal. Debió haberle encantado, ¡ya que dirigió la tropa durante nueve años!

Con el tiempo, se convirtió en presidenta del consejo y miembro de la mesa directiva nacional, después fungió como directora ejecutiva del grupo de Girl Scouts de Talus Rock, una posición de tiempo completo por la cual recibía un salario. Para el momento en el cual tomó el cargo de directora general nacional de la institución, Girl Scouts se encontraban en aprietos: la organización carecía de dirección, las adolescentes perdían el interés por el escultismo y cada vez era más difícil contratar voluntarias adultas, en especial con el gran número de mujeres que se unía a la fuerza laboral, aunado a que Boy Scouts (niños exploradores) estaba considerando permitir la entrada de chicas. Hesselbein necesitaba desesperadamente hacer que la organización volviera a pensar en las ganancias a las cuales aspiraba.

Ella comenta: "Nos manteníamos haciendo preguntas muy sencillas: ¿Cuál es nuestro negocio? ¿Quién es nuestro cliente? ¿Y qué es lo que el cliente considera importante? Ya sea que se encuentre en Girl Scouts, IBM o AT&T, uno debe administrar con una misión en mente".[76] La concentración de Hesselbein en la misión le permitió identificar las ganancias a las que aspiraba la organización de las Niñas Exploradoras. "En realidad estamos aquí por una razón: para ayudar a las niñas a obtener su máximo potencial. Eso fue lo que marcó la diferencia más que cualquier otro motivo, pues cuando se tiene una misión clara, las metas corporativas y los objetivos de operación fluyen de ella." [77]

Una vez que descubrió cuáles eran las ganancias que buscaba, fue capaz de crear una estrategia para intentar obtenerlas. Comenzó reorganizando al personal en toda la nación, después creó un sistema de planeación a usarse en cada uno de los trescientos cincuenta consejos regionales e introdujo la capacitación gerencial en la organización.

"Ya sea que se encuentre en Girl Scouts, IBM o AT&T, uno debe administrar con una misión en mente".
—Frances Hesselbein

Hesselbein no se limitó a los cambios en el liderazgo y en la estructura de la organización. En las décadas de 1960 y 1970, el país había cambiado y también lo habían hecho las niñas; pero Girl Scouts no; Hesselbein también enfrentó ese aspecto. La organización transformó sus actividades haciéndolas más atractivas para la cultura actual dando, por ejemplo, más oportunidades a las niñas para el uso de computadoras, en vez de enseñarles cómo ser anfitrionas de una fiesta. También buscó la participación de las minorías, creó materiales bilingües y alcanzó los hogares de bajos ingresos. Si ayudar a las chicas a alcanzar su máximo potencial era la ganancia que buscaba el grupo, ¿entonces por qué no ser más agresivos en ayudar a las chicas que por tradición habían tenido menos oportunidades? La estrategia funcionó formidablemente: se triplicó la participación de chicas provenientes de las minorías en Girl Scouts.

En 1990, Hesselbein dejó la organización, tras haberla transformado en una institución de primera clase, para convertirse en la presidenta fundadora y directora general de la Peter F. Drucker Foundation for Nonprofits Management (fundación Peter F. Drucker para la administración sin fines de lucro), y en la actualidad funge como presidenta de la mesa directiva. En 1998, cuando se le otorgó la "Presidential Medal of Freedom (medalla presidencial de la libertad)". El presidente Clinton dijo en la ceremonia en la Casa Blanca: "Ella [Hesselbein] ha compartido su receta extraordinaria de participación y excelencia con innumerables organizaciones cuyas ganancias no se miden en dólares sino en vidas cambiadas".[78] ¡No pudo haberlo dicho mejor!

Por qué debe disfrutar del beneficio del pensamiento enfocado en las ganancias

Si está acostumbrado a pensar en las ganancias solo cuando estas tienen relación con aspectos financieros, entonces podría estar perdiéndose de experiencias fundamentales para usted y su organización; en cambio, piense en *las ganancias* como el fin, como aquello que se obtiene, como el resultado deseado. Toda actividad tiene su ganancia única. Si usted tiene un empleo, su trabajo tiene una ganancia; si sirve en su iglesia, su actividad tiene una ganancia; y de igual manera lo tiene su esfuerzo como padre o cónyuge si lo es.

Piense en *las ganancias* como el fin, como aquello que se obtiene, como el resultado deseado.

A medida que explore el concepto del pensamiento enfocado en las ganancias, reconozca que puede ayudarlo de muchas maneras.

1. El pensamiento enfocado en las ganancias brinda una gran claridad

¿Cuál es la diferencia entre el trabajo y jugar a los bolos? Cuando juega a los bolos, ¡solo necesita tres segundos para saber cómo le ha ido! Esa es una de las razones por las cuales a las personas les agradan tanto los deportes, pues no necesitan esperar o adivinar los resultados.

> El pensamiento enfocado en las ganancias hace posible que uno mida los efectos de una manera más rápida y fácil.

El pensamiento enfocado en las ganancias hace posible que uno mida los efectos de una manera más rápida y fácil. Le da un punto de referencia con el cual medir la actividad. Puede usarse como una manera de centrarse y de asegurar que todas las pequeñas actividades tengan el mismo propósito y se sujeten a él para conseguir una meta mayor.

2. El pensamiento enfocado en las ganancias lo ayuda a evaluar cada situación

Cuando conoce las ganancias a las que aspira, se vuelve mucho más fácil conocer la calidad de su desempeño en cualquier área. Por ejemplo, cuando Frances Hesselbein comenzó a dirigir Girl Scouts, usó como medida para toda la organización la meta de ayudar a las chicas a alcanzar su máximo potencial; y cambió desde la estructura de la organización (la cual transformó de una jerarquía a un centro de distribución de actividades) hasta las insignias que las chicas podían obtener. No hay mejor herramienta de medición que las ganancias.

3. El pensamiento enfocado en las ganancias lo ayuda a tomar las mejores decisiones

Las decisiones se vuelven mucho más fáciles cuando conoce las ganancias a las cuales aspira. Cuando Girl Scouts luchaba por sobrevivir en 1970, organizaciones externas intentaron convencer a sus miembros de convertirse en activistas por los derechos de la mujer o en vendedoras de puerta en puerta; pero bajo la dirección de Hesselbein, se volvió fácil para Girl Scouts el decir: No. Porque sabían cuáles eran las ganancias que buscaban, y querían ir tras sus metas con concentración y fervor.

4. El pensamiento enfocado en las ganancias genera una moral alta

Por lo general, cuando usted conoce las ganancias que persigue y va tras ellas, se aumentan en gran medida sus posibilidades de ganar, y nada genera una moral tan alta como ganar. ¿Cómo describe a los equipos deportivos que ganan el campeonato, a las divisiones de compañías que logran sus metas o a voluntarios que logran su misión? Están emocionados. Dar en el blanco es estimulante y solo se puede dar en el blanco cuando se conoce cuál es.

5. El pensamiento enfocado en las ganancias asegura su futuro

Si usted desea tener éxito en el mañana, necesitará pensar hoy en las ganancias. Eso fue lo que hizo Frances Hesselbein y le dio un vuelco a Girl Scouts. Observe cualquier compañía exitosa y duradera y encontrará líderes que conocen las ganancias de su negocio. Ellos toman sus decisiones, asignan sus recursos, contratan su personal y estructuran su organización para conseguir esa retribución.

Si usted desea tener éxito en el mañana, necesitará pensar hoy en las ganancias.

Cómo disfrutar de los beneficios del pensamiento enfocado en las ganancias

No es difícil ver el valor de pensar de acuerdo con las ganancias. La mayor parte de las personas estaría de acuerdo en que pensar de acuerdo con las ganancias brinda un alto beneficio, pero puede ser un desafío aprender cómo convertirse en alguien que piense de esta manera.

1. Identifique la ganancia real

El proceso del pensamiento enfocado en las ganancias comienza con conocer las intenciones que persigue en realidad, las cuales pueden ser tan elevadas como la imagen global, la misión o el propósito de una organización, o tan centradas como lo que desea lograr de un proyecto en particular. Lo importante es que sea tan específico como le sea posible. Si su meta es obtener algo tan vago como "el éxito", le será muy difícil emplear este tipo de pensamiento para lograrla.

El primer paso es identificar sus deseos, llegar a los resultados que en verdad está buscando, a la verdadera esencia de la meta. Retire cualquier emoción que pueda nublar su juicio y elimine cualquier política que pudiera ejercer influencia en su percepción. ¿Qué es lo que en verdad intenta obtener? Cuando descarta todo lo que no es verdaderamente importante, ¿qué es lo que se siente movido a conseguir?, ¿qué debe ocurrir?, ¿qué es aceptable? Esa es la verdadera ganancia.

Recientemente pasé por el proceso del pensamiento enfocado en las ganancias junto con toda la mesa directiva de EQUIP. Durante los últimos veinte años, EQUIP ha dado capacitación de liderazgo a tres grupos: estudiantes universitarios, pastores de iglesias urbanas y líderes nacionales de iglesias en el extranjero. Aunque las tres áreas eran exitosas, sentí que nuestra atención dividida evitaba que alcanzáramos nuestro máximo potencial en cualquiera de ellas, lo cual significaba que debíamos tomar una decisión; y para hacerlo, debíamos averiguar cuál era la ganancia que pretendíamos obtener.

Nos hicimos esta pregunta: "Si tan solo pudiéramos lograr una cosa en toda la existencia de EQUIP, ¿cual sería?". Discutimos el asunto y oramos por él, después llegamos a la conclusión de que *debíamos* enseñar liderazgo en todas las naciones; para nosotros, eso era lo que *debía* ocurrir, esa era nuestra ganancia.

Nuestra visión es levantar y capacitar a un millón de líderes en el mundo para 2007. Durante los meses posteriores a la decisión de cambiar nuestro enfoque, hemos delimitado una estrategia que nos permitirá alcanzar esta meta. El resultado es un incremento de ideas, energía, dólares y colaboración con otras personas. ¿Por qué? Porque identificamos y acogimos el pensamiento enfocado en las ganancias.

2. Convierta las ganancias en el objetivo

¿En alguna ocasión ha conversado con alguien cuyas intenciones parecen ser diferentes a las que proclama? En ocasiones, situaciones similares reflejan un engaño en los propósitos, pero también puede ocurrir cuando la persona no conoce sus propios fines.

Lo mismo ocurre con las compañías. Por ejemplo, en ocasiones una misión expresada de forma idealista y las ganancias verdaderas no concuerdan; el propósito y las utilidades compiten. Anteriormente cité a George W. Merck, quien afirmó: "Intentamos no olvidar nunca que la medicina es para las personas, no para obtener utilidades; las utilidades son secundarias, y cuando lo hemos tenido presente, nunca hemos dejado de tenerlas". Quizá hizo esa afirmación para recordar a los miembros de su organización que las ganancias financieras sirven al propósito y no compiten con él.

Si las utilidades monetarias fueran la verdadera ganancia y ayudar a las personas fuera sencillamente el medio de conseguirlas, entonces la compañía se deterioraría, su atención estaría dividida y no ayudaría a las personas tanto como les fuera posible, ni obtendría todas las utilidades que deseara.

3. Cree un plan estratégico para lograr las ganancias

El pensamiento enfocado en las ganancias logra resultados; por lo tanto, es conclusión natural que cualquier plan que surja de ese pensamiento debe llevar directamente al objetivo princi-

> **El pensamiento enfocado en las ganancias logra resultados.**

pal, el cual solo puede ser uno, no dos ni tres. Una vez determinada la ganancia deseada, se debe crear una estrategia para conseguirla. En las organizaciones, con frecuencia eso significa identificar los elementos o las funciones centrales que deben operar apropiadamente para lograr los beneficios, esa es la responsabilidad del líder.

Ya le he presentado a Dave Sutherland, presidente de una de mis compañías: ISS o INJOY Stewardship Services (servicios de administración de INJOY). La ganancia que ISS persigue es ayudar a las iglesias a reunir mil millones de dólares al año para construir instalaciones con el fin de ayudarlos a expandir su alcance potencial. Dave es un pensador estratégico sobresaliente y también es un increíble pensador enfocado en las ganancias. Él ha determinado que para alcanzar su meta, ISS necesita de tres elementos centrales:

- *Mercadeo:* Su objetivo es contactar a iglesias que necesitan reunir fondos y que después permitan a uno de los representantes de ISS presentar ante el consejo de la iglesia lo que la compañía puede hacer por ella. La ganancia que se busca: el número de citas concertadas para hacer presentaciones ante los consejos directivos de las iglesias.

- *Ventas de campo:* Su labor es reunirse con el pastor y el consejo de la iglesia, averiguar sus necesidades, explicar la forma en la cual ISS puede ayudarlos e invitarlos a permitir que la compañía se asocie con ellos. La ganancia que se busca: el número de acuerdos convenidos con las iglesias.
- *Asesoría:* Su labor es brindar asesoría personalizada en el sitio con el fin de que reúnan el dinero que necesitan. La ganancia que se busca: la satisfacción del cliente.

Cualquier objetivo puede desglosarse de una manera similar, lo importante es que cuando se consigue la ganancia deseada para cada actividad por separado, se logra LA GANANCIA general. Si la suma de las metas más pequeñas no cuadra con la ganancia que en verdad desea, entonces su estrategia está defectuosa o no ha identificado la ganancia real que busca alcanzar.

4. Asegúrese que los miembros de su equipo se sujeten a su estrategia

Una vez que su estrategia esté establecida, asegúrese de que su gente se sujete a ella. De forma ideal, todos los miembros del equipo deben conocer la meta principal así como cuál es su papel individual para conseguirla. Necesitan conocer cuál será su ganancia individual y la función que ella desempeña para lograr las ganancias de la compañía.

5. Apéguese a un sistema y vigile continuamente sus resultados

Dave Sutherland cree que algunas organizaciones tienen problemas cuando intentan mezclar sistemas. Él sostiene que muchos tipos de sistemas pueden tener éxito, pero mezclar sistemas diferentes o cambiar continuamente de uno a otro lleva al fracaso. Dave afirma:

Pensar en las ganancias no es algo que sólo se haga en una ocasión, debe estar integrado al sistema de trabajo, de relaciones y de logros. No es posible afinar este mecanismo solo de vez en cuando para lograr el resultado deseado, pues lograr el éxito con el pensamiento enfocado en las ganancias debe ser una forma de vida, o los resultados serán contradictorios. Soy alguien que piensa en las ganancias, es parte de mi "sistema" para tener éxito, lo practico todos los días sin otras mediciones ni esfuerzos desperdiciados.

Dave llama a los miembros de su equipo de campo todas las noches para hacerles una pregunta relacionada con las ganancias, pregunta que ellos ya esperan escuchar. Él mantiene la mira-

> *"Lograr el éxito con el pensamiento enfocado en las ganancias debe ser una forma de vida, o los resultados serán contradictorios".*
> —Dave Sutherland

da continuamente en la ganancia de la compañía al monitorear cada área vital.

Kevin Small, presidente de INJOY practica una disciplina similar. Desde enero de 2002, comenzó a llevar a cabo una reunión relámpago con todos los representantes de las áreas clave de la compañía. En media hora, repasan las cifras del día anterior y las comparan con sus metas y proyecciones para el año; también revisan sus prioridades principales del día y expresan la forma en la cual se relacionan con las ganancias; Kevin dice que esto ha hecho una diferencia enorme:

Todos estamos muy adelantados en nuestras proyecciones porque miramos los números, administramos de una manera más eficiente y hasta ahora estamos teniendo un muy buen año, lo cual ocurre porque estamos conscientes continuamente de la ganancia a la que aspiramos. Puedo decirle en dónde tenemos problemas y en dónde no los tenemos, usted puede preguntarme cualquier cosa al respecto de la empresa y puedo responderlo. Si no lo hiciéramos, yo no sabría que esta semana tuvimos un problema con nuestros programas de suscripción, no habría podido decirle que necesitábamos contratar a otra persona en el área de servicios al cliente.

Mi ganancia ha pasado de un ciclo de treinta días a un ciclo diario, así que he pasado de pensar de acuerdo con las ganancias solo una vez al mes a hacerlo cada mañana y pronto seremos capaces de hacerlo en tiempo real; esto me hace un mejor líder. Nuestro fundador, John Maxwell enseña sobre la ley de la navegación en *Las 21 leyes irrefutables del liderazgo*, esta ley afirma que cualquiera puede manejar el timón del barco, pero solo un líder puede trazar el curso. Todos los días trazo el curso de mi equipo y realizamos correcciones en medio de ese curso, sabemos dónde estamos y a dónde queremos llegar.

Kevin es un líder natural. Es joven y todavía se está desarrollando, pero cada día es mejor, porque desea aprender y crecer. Él está constantemente a la caza de oportunidades, pero mantiene sus ojos en el pensamiento enfocado en las ganancias.

La ganancia como lo principal

En el sentido estricto, es posible mejorar la ganancia, sin importar cual sea, a través del buen pensamiento. El pensamiento enfocado en las ganancias brinda un gran beneficio porque ayuda a transformar las ideas en resultados. Como ningún otro tipo de proceso mental, este puede ayudarlo a cosechar todo el potencial de su pensamiento y a lograr todo lo que desee.

PREGUNTA DE REFLEXIÓN

¿Me mantengo concentrado en la ganancia que deseo para poder obtener el mayor beneficio y cosechar todo el potencial de mi pensamiento?

Ponga enpráctica el pensamiento enfocado en las ganancias

1. ¿Cuánto ha pensado en la ganancia a la cual aspira usted mismo? ¿Sabe por qué hace lo que hace en su carrera? ¿Ha averiguado lo que intenta lograr en su vida familiar? Si alguien se lo preguntara, ¿sería capaz de decir cuál es el propósito por el que usted se encuentra en la tierra?

   Su vida puede ser más contundente y su pensamiento puede ser más fructífero si conoce su propósito. Piense en cada uno de los aspectos siguientes. Y después, intente escribir de manera concisa cuál es la ganancia que usted quiere obtener en cada una.

Carrera: _____

Matrimonio: _____

Familia: _____

Entretenimiento y vacaciones: _____

Servicio o ministerio: _____

Propósito en la vida: _____

No se sienta mal si no tiene una claridad total en todos estos asuntos. Muchas personas toman años en entenderlos por completo. Este ejercicio es únicamente un comienzo.

2. Elija un objetivo primordial en su vida o en su carrera y escríbalo aquí:

_____

_____

A. Aparte un tiempo esta semana para determinar la ganancia que obtendrá de esta meta. Recuerde asegurarse que la ganancia sea EL OBJETIVO y no únicamente un sustituto para otra meta no expresada, o solo un paso hacia ella. Una vez que conozca la ganancia a la cual aspira, escríbala aquí.

B. El siguiente paso es desarrollar una estrategia para conseguir la ganancia. ¿Cuáles son los elementos clave necesarios para lograrla? ¿Cuáles son los objetivos principales? Desglóselos en sus partes fundamentales.

C. Determine qué tipo de ayuda será necesaria para alcanzar la meta. ¿Puede lograrla solo? ¿Necesitará que lo ayuden su amigos o colegas? ¿Necesitará montar su propia organización para hacerlo? ¿Existe alguna organización a la cual pueda unirse para lograrla?

D. Su siguiente paso es sujetar a su estrategia a las personas que participen en ella, con el fin de conseguir la ganancia. (Si su meta requiere la ayuda de otras personas y usted tiene poca experiencia en dirigir personas, será necesario que comience un programa de desarrollo personal para mejorar sus habilidades de liderazgo.)

E. Idee una manera de monitorear su progreso y el de los líderes participantes. Recuerde que solo será capaz de lograr su ganancia si mantiene la vista en ella de forma continua.

Reflexión final

Nunca se sabe hasta dónde puede conducirnos el buen pensamiento. En la primavera de 1999, David Phillips vio una oferta por parte de la compañía de alimentos "Healthy Choice", la cual daría quinientas millas en una aerolínea por cada código de barras que enviara un consumidor a la compañía antes de fin de año; la compañía duplicaría las millas si los comprobantes de compra se enviaban antes del 31 de mayo. La mayoría de nosotros no habría considerado esa promoción, pero ésta hizo que David Phillips comenzara a *pensar*. Él había estado buscando una manera económica de llevar a su familia de vacaciones a Europa y esta parecía ser una gran oportunidad.

Phillips buscó en todas las tiendas de descuento el producto "Healthy Choice" más barato que pudiera encontrar, el cual resultó ser pudín de chocolate. Phillips, que es un ingeniero, realizó algunos cálculos rápidos y comenzó a comprar todo el pudín que pudo encontrar, para lo cual vació todas las tiendas de una cadena de su localidad; ¡al final compró más de *doce mil quinientas* unidades de pudín!

Posteriormente, Phillips se enfrentó al desafío de quitar las tapas con los códigos de barras antes de la fecha límite, la cual se encontraba a tan solo algunas semanas. Él y su familia estuvieron separándolas por un tiempo, pero con demasiada lentitud, así que empleó el pensamiento creativo e ideó una solución: donó el pudín al Ejército de Salvación, cuyos voluntarios quitaron y devolvieron las tapas, y las personas a quienes servían recibirían el pudín como parte de sus comidas; además de todo, ¡Phillips recibiría una deducción de impuestos!

Cuando por fin terminó, Phillips ganó más de un millón doscientas mil millas de viajero frecuente. Por una inversión de tres mil ciento cuarenta dólares recibió suficientes millas para llevar a su familia a Europa, y no solo una vez, sino más de *treinta*; y ya que superó la marca del millón de millas, se convirtió en miembro vitalicio del club "Advantage Gold" de American Airlines.[79]

Phillips no perdió tiempo en usar sus millas para viajar; en el primer año llevó a su esposa e hijas a Italia, España y Londres durante la Pascua; a Suecia en Navidad y a Cancún en Día de Acción de Gracias (junto con otros tres miembros de su familia). Y puede estar seguro de que en el momento en el cual sus millas estén a punto de expirar hará uso del buen pensamiento para idear una manera de emplearlas.

Nuestra travesía juntos

La historia de David Phillips muestra que el buen pensamiento puede tener impacto en cualquier aspecto de la vida. Espero que haya disfrutado la travesía que realizamos juntos a través de los diferentes tipos de pensamiento que hacen exitosas a las personas, y espero que haya aprendido más acerca de usted y de la manera en la cual piensa. Su pensamiento moldea su manera de vivir más que cualquier otra cosa. Es totalmente cierto que si cambia su manera de pensar puede cambiar su vida.

Y ahora, tome un momento para evaluarse a sí mismo en cada área del pensamiento que se plantea en el libro. Califíquese en una escala del 1 al 10 (siendo 10 la más alta):

_____ *Entienda el valor de pensar bien:* ¿Creo que ser un buen pensador puede cambiar mi vida?

_____ *Dése cuenta del impacto que causa cambiar su forma de pensar:* ¿Mi deseo de tener éxito y de mejorar mi vida es lo suficientemente fuerte como para impulsarme a cambiar mi manera de pensar?

_____ *Domine el proceso del pensamiento intencional:* ¿Estoy dispuesto a pagar el precio de cultivar el hábito de concebir, nutrir y desarrollar grandes pensamientos todos los días?

_____ *Adquiera la sabiduría del pensamiento global:* ¿Pienso más allá de mi mundo para procesar ideas con una perspectiva integral?

_____ *Libere el potencial del pensamiento concentrado:* ¿Estoy comprometido a eliminar las distracciones y el desorden mental para poder concentrarme con claridad en el problema real?

_____ *Descubra el gozo del pensamiento creativo:* ¿Estoy trabajando para salir de la "caja" de mis limitaciones para poder explorar ideas y opciones con el fin de experimentar avances creativos?

_____ *Reconozca la importancia del pensamiento realista:* ¿Estoy construyendo con hechos un cimiento mental sólido que me permita pensar con certeza?

_____ *Libere el poder del pensamiento estratégico:* ¿Estoy poniendo en práctica planes estratégicos que me den dirección en el presente y aumenten mi potencial para el futuro?

_____ *Sienta la energía del pensamiento de posibilidades:* ¿Estoy liberando el entusiasmo del pensamiento de posibilidades para encontrar respuestas hasta en situaciones aparentemente imposibles?

_____ *Acepte las lecciones del pensamiento reflexivo:* ¿Regreso al pasado con regularidad para obtener una perspectiva real y pensar con entendimiento?

_____ *Cuestione el pensamiento común y corriente:* ¿Rechazo de forma consciente las limitaciones del pensamiento común para lograr resultados poco comunes?

_____ *Participe del pensamiento compartido:* ¿Estoy incluyendo constantemente las ideas de otros a las mías, para mejorar mis pensamientos y lograr pensamientos enriquecedores?

_____ *Experimente la satisfacción del pensamiento desinteresa-do:* ¿Considero continuamente a los demás y su desarrollo para pensar en colaborar con ellos al máximo?

_____ *Disfrute de los beneficios del pensamiento enfocado en las ganancias:* ¿Me mantengo enfocado en las ganancias que deseo para poder obtener el mayor beneficio y cosechar todo el potencial de mi pensamiento?

En verdad confío en que su pensamiento haya mejorado; sin embargo, la realidad es que nadie puede esperar dominar cada tipo de pensamiento; es por ello que deseo ofrecerle un consejo: si usted obtuvo en cada tipo de pensamiento una calificación de:

8–10, pase 80% de su tiempo realizando este tipo de pensamiento.

6–7, pase 20% de su tiempo realizando este tipo de pensamiento.

0–5, traiga a su equipo a alguien con una calificación de 8, 9 o 10 en este tipo de pensamiento.

En el primer capítulo describí la manera en la cual mi padre decidió cambiar la manera en que pensaba cuando era joven. Hace poco, mi esposa Márgaret y yo asistimos a un banquete en honor de mi padre ofrecido por la compañía a la cual perteneciór cincuenta y cinco años. Nos sentamos a la mesa con mis padres y hablamos acerca de su decisión de dedicar su vida a pensar como lo hacen las personas exitosas, decisión que les permitió criar tres hijos comprometidos a añadir valor a los demás, que apartó a mi padre de muchos de sus contemporáneos y lo ayudó a elevarse a posiciones de liderazgo dentro de la organización, y que permitió a mi padre y a mi madre disfrutar de más de sesenta años de matrimonio.

En eso reflexionaba mientras escuchaba al orador del banquete describir las contribuciones de la vida de mi padre, lo cual me llevó a las lágrimas. Cuando los asistentes se pusieron de pie

mientras mi padre subía al podio, me levanté con ellos, ovacio-
nando tan fuerte como pude, pues yo lo conocía mejor pensé: *Ahí
está un hombre que cambió su manera de pensar, lo cual cambió
su vida y las vidas de otros, incluyéndome a mí.*

Lo mismo puede ocurrirle a usted, es por ello que escribí este
libro. Que el pensamiento se vuelva su mejor herramienta para
crear el mundo que usted desea.

NOTAS

1. Maxwell, John C., *Prepara tu mañana de éxito*, Editorial Peniel.
2. Filipenses 4:8.
3. Schwartz, David J., *Pensar en grande*, Editores Mexicanos Unid.
4. Allen, James, *The Wisdom of James Allen*, Laurel Creek Press.
5. *Ibíd.*, p. 54
6. Vea Proverbios 23:7.
7. "Wal-Mart Stores, Inc. at a Glance", www.walmartstores.com.
8. Fuente desconocida.
9. Collins, James C. y Jerry I. Porras, *Built to Last*, Harper Businness, .
10. The American Covenant.
11. Maxwell, John C., *Actitud de vencedor*, Grupo Nelson.
12. Grunder, Martin J. Jr., *The 9 Super Simple Steps to Entrepenurial Success*, Gatekeeper Books.
13. Gilchrist, Guy, *Mudpie, Keeper of the Keys*, Gilchrist Pub.
14. O'Connor, J., y E. F. Robertson, *Erathostenes of Cyrene*, www.history.mcs.st-andrews.ac.uk, 28 de enero de 2002.
15. Collins, James C. y Jerry I. Porras, *Built to Last*, Harper Businness.
16. Maxwell, John C., *El lado positivo del fracaso*, Grupo Nelson.
17. "Crayola Trivia", www.crayola.com, 6 de marzo de 2002.
18. *Ibíd.*
19. *Ibíd.*
20. *Ibíd.* "The History and Development of Crayons".
21. Moser-Wellman, Annette, *The 5 Faces of Genius*, Viking Press.
22. *Jones Telecommunications and Multimedia Encyclopedia*, "Coleco", www.digitalcentury.com, 14 de marzo de 2002.
23. Ries, Al, *Enfoque*, Mc Graw Hill, 1997.
24. Peck, Scott M., *The Road Less Traveled*, Simon and Schuster.
25. Collins, Jim, *Fast Company*, "Good to Great".
26. Rubinstein, Joshua S., David E. Meyer y Jeffrey E. Evans, *Journal of Experimental Psychology*, "Executive Control of Cognitive Processes in Task Switching", citado en *Leadership Strategies*.
27 "Martin, First Female to Play, Score in Division 1", www.espn.com, 31 de agosto de 2002.
28. *The Atlanta Journal Constitution*, "Female Giving Up Football", 21 de enero de 2002.
29. Moser-Wellman, Annette, *The 5 Faces of Genius*, Viking Press.
30. Ross, Skipp y Carole C. Carlson, *Say Yes to Your Potential*, Word.

31. Moser-Wellman, Annette, *The 5 Faces of Genius*, Viking Press.

32. Zelinski, Ernie J., *The Joy of Not Knowing It all*, VIP Books.

33. Fuente desconocida.

34. Craig, Michael, *The 50 Best (and Worst) Business Deals of All Time*, "Priscilla Presley's Control of the Elvis Presley State", Career Press.

35. Dahle, Cheryl, *Fast Company*, "Mind Games", enero-febrero de 2000.

36. Allen, James, *The Wisdom of James Allen*, Laurel Creek Press.

37. "O'Leary Resings as Notre Dame Football Coach", www.nd.edu, 14 de diciembre de 2001.

38. Palochko, Chris, "Security a Huge Issue at Super Bowl", www.sports.yahoo.com/nfl/news, 2 de febrero de 2002.

39. *Webster's New World Dictionary of American English*, "Strategy".

40. Ryan, Terry, *The Contest Winner of Defiance*, Touchstone.

41. *Ibíd.*, p. 92.

42. Biehl, Bobb, *Masterplanning*, Broadman and Holman.

43. Axelrod, Alan, *Patton on Leadership*, Prentice Hall.

44. "George S. Patton Jr.", www.gi.grolier.com, 28 de mayo de 2002.

45. Frankston, Janet, *The Atlanta Journal Constitution*, "Maxwell House Tie to Passover Spans Years", 27 de marzo de 2002.

46. *Ibíd.*, p. F10.

47. Kline, Sally (editora), *George Lucas: Interviews*, Univ. Press of Mississippi.

48. Smith, Thomas G., *Industrial Light & Magic*, Ballantine Books.

49. Handy, Bruce, "The Force is Back", www.time.com, 10 de febrero de 1997.

50. Kline, Sally (editora), *George Lucas*, Univ. Press of Mississippi.

51. Salewicz, Chris, *George Lucas*, Thunders' Mouth Press.

52. *Ibíd.*, p. 105.

53. Corliss, Richard, "Ready, Set, Glow! ", www.time.com, 26 de abril de 1999.

54. Salewicz, Chris, *George Lucas*, Thunders' Mouth Press.

55. Brosowsky, Jeremy M., *Washington Business Forward*, "No Payne, No Gayne: The Ins-and-Outs of Winning a Modern Olympic Bid, Courtesy of the Man Behind Atlanta's 1996 Plan", www.bizforward.com, agosto de 2000.

56. Pooley, Eric, "Mayor of the World", www.time.com, 31 de diciembre de 2001.

57. Kline, Sally (editora), *George Lucas*, Univ. Press of Mississippi.

58. *Ibíd.*, p. 121.

59. Barker, Joel, *Future Edge*, William Morrow & Co..

60. "Leadership Lessons" Willow Creek Association.

61. Autor desconocido.

62. Twain, Mark, *Following the Equator*, Eco Press.

63. "Chronology of Dr. Martin Luther King Jr.", www.thekingcenter.com, 3 de enero de 2002.

64. Park, Alice, *Time*, "Heart Mender", 20 de agosto de 2001.

65. *Ibídem.*

66. Muller-Hill, Benno, *Quarterly Review of Biology*, "Science, Truth and Other Values", vol.68, # 3, septiembre de 1993.

67. Summit, Pat con Sally Jenkins, *Rearch for the Summit*, Broadway Books.

68. *Ibíd.*, p. 69.

69. Fox, Jeffrey J., *Cómo llegar a director general*, Gestión, 2000.

70. Burchard, Peter Duncan, *The Gazette*, "George Washington Carver in Iowa: Preparation for life serving humanity", www.gazetteonline.com, Cedar Rapids, 14 de febrero de 1999.

71. "George Washington Carver", web.mit.edu/invent, 27 de abril de 2002.

72. "George Washington Carver", www.biography.com, 23 de febrero de 2002.

73. "Mectizan Program Removes Darkness from an Ancient Disease", *Corporate Philantropy Report*, www.merck.com, Merck.

74. Filipenses 2:3–4.

75. Barnhart, Tod, *The 5 Rituals of Wealth*, Harperbusiness.

76. Byrne, John A., *BusinessWeek*, "Profiting from the Non-profits", 26 de marzo de 1990.

77. *Ibíd.*, p. 72.

78. "Hesselbein Wins Presidencial Medal of Freedom", www.drucker.org, 19 de diciembre de 2001.

79. Holder, Kathleen, "Engineer Finds Sweet Travel Deal in Cups of Pudding", www.dateline.ucdavis.edu, 4 de febrero de 2000.

JOHN MAXWELL

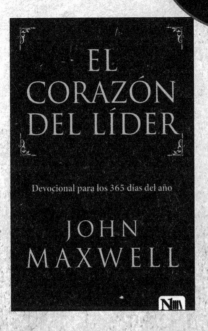

El liderazgo no es para los de corazón débil, aun cuando a veces hasta el líder más fuerte tenga sus dificultades.

Tu liderazgo, ¿cómo funciona? Así como otros dependen de ti, ¿de quién puedes depender tú? La respuesta es: Dios, el Líder de los líderes.

Cuanto más tiempo pases meditando en el aliento y la guía que Él brinda, más fuerza hallarás para enfrentar las exigencias de cada día.

Para vivir la Palabra

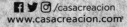

Te invitamos a que visites nuestra página web, donde podrás apreciar la pasión por la publicación de libros y Biblias:

www.casacreacion.com

Para vivir la Palabra